À Yvette et Jean S.
mes parents.

Conception et réalisation graphiques : Didier Gonord

Alain Serres

LE GRAND LIVRE DES DROITS DE L'ENFANT

Avec LE TEXTE INTÉGRAL
DE LA CONVENTION
ADOPTÉE PAR L'ONU

Illustrations de Pef
Mise en couleurs Geneviève Ferrier

RUE DU MONDE

Irak

Les enfants, premières victimes de l'embargo imposé à leur pays

UNICEF/Gabriella Scandelli

L'espoir DE TROIS MILLIARDS D'ENFANTS

Avec ma classe on a vendu 200 cartes pour l'Unicef. Ça a sauvé 3 000 enfants de la rougeole.
Nicolas, 10 ans.

Trois milliards d'enfants vivent sur la Terre. Ils y rient, mangent des cerises ou du mil, cherchent, toussent, écrivent, pensent, portent des sacs lourds, des vêtements à la mode ou des lambeaux de tissus. Parfois ils pleurent. Parfois ils meurent. Trois milliards d'êtres humains qui connaissent le bonheur ou bien l'horreur, à l'autre bout du monde, ou juste au coin de la rue. Ces trois milliards de personnes en train de grandir ont aujourd'hui, dans tous leurs malheurs, une chance : la Convention relative aux droits de l'enfant adoptée par l'ONU en 1989. Un texte fondamental qui prend le parti des enfants et proclame en filigrane : « ce n'est pas parce qu'on est petit que l'on ne mérite que des petits droits ». Pourtant, dix ans après sa signature par la quasi totalité des pays du monde, quelques semaines avant que ne débute le 21e siècle, deux enfants guinéens ont crié violemment à la face du monde leur désarroi, le désarroi de la majorité des enfants de la planète.

Mineurs
Tout au long de l'ouvrage nous nous référerons à la définition que donne l'ONU de l'enfant : individu n'ayant pas atteint l'âge de 18 ans.

Le testament de Yaguine et Fodé

Yaguine et Fodé avaient 14 et 15 ans. Le 2 août 1999, ils ont été retrouvés morts, recroquevillés l'un contre l'autre, dans le train d'atterrissage de l'avion Conakry-Bruxelles. Ils avaient cru pouvoir échapper à la dure vie quotidienne d'une famille pauvre en Afrique, accrochés aux ailes d'un avion en partance pour un pays riche, la Belgique. Mais à 10 000 mètres d'altitude,

D'après photographies de Jean-Pierre Vallorani/Le Bar Floréal

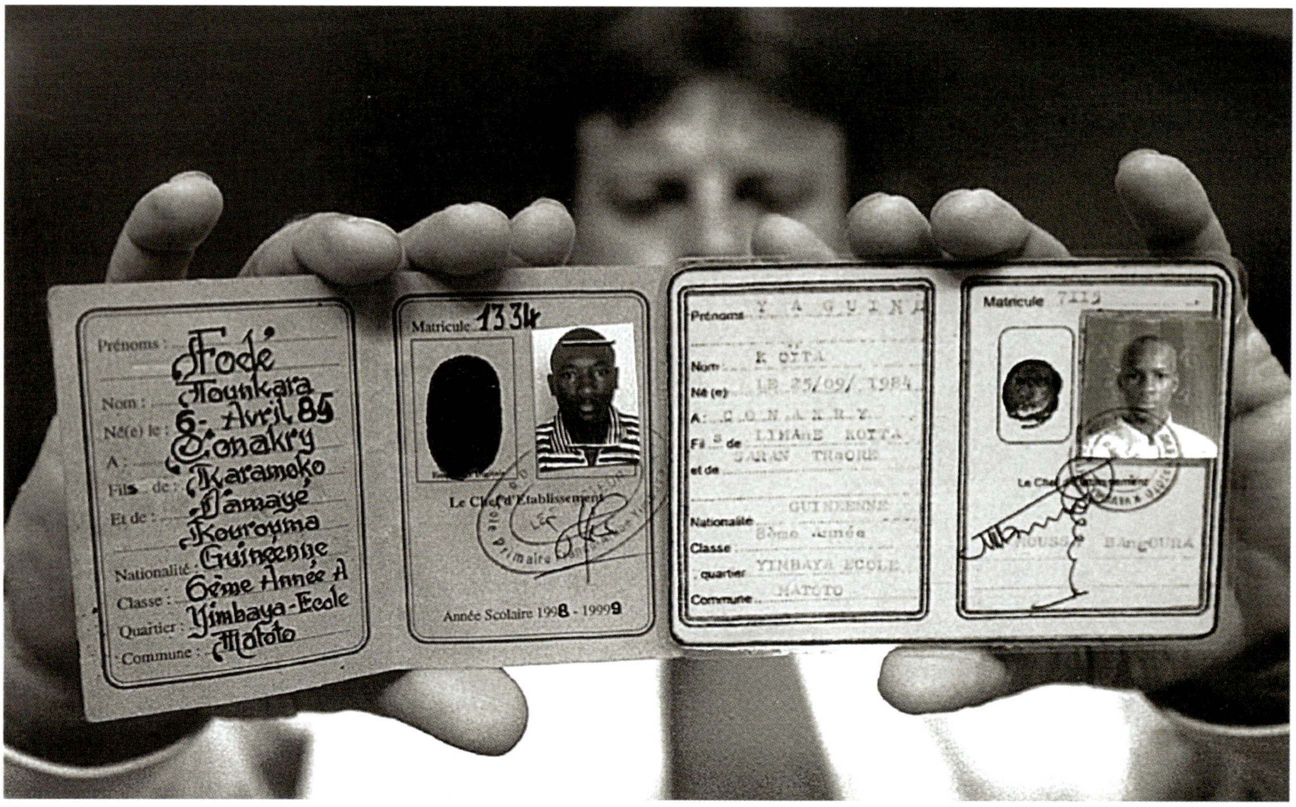

Guinée

Les papiers de Yaguine et Fodé AFP

Message

Extraits de la lettre de Yaguine et Fodé.

Excellences, Messieurs les membres et responsables d'Europe, Nous avons l'honorable plaisir et la grande confiance de vous écrire cette lettre pour vous parler de l'objectif de notre voyage et de la souffrance de nous, les enfants et jeunes d'Afrique [...]. Si vous voyez que nous nous sacrifions et exposons notre vie, c'est parce qu'on souffre trop en Afrique et qu'on a besoin de vous pour lutter contre la pauvreté et mettre fin à la guerre.[...] Nous voulons étudier, aidez-nous...

la température extérieure est de -50°C. Yaguine Koita et Fodé Tounkara sont morts en serrant contre leur cœur un terrible message qui explique leur geste désespéré. Dans cette lettre écrite quelques jours auparavant, les deux enfants s'adressent aux dirigeants de l'Europe et disent notamment : « Aidez-nous, nous souffrons énormément en Afrique, aidez-nous, nous avons des problèmes et quelques manques de droits de l'enfant ». Ils parlent ensuite de l'école qui coûte trop cher et n'a pas assez de moyens. La leur, à Conakry, capitale de la Guinée, ne compte que 30 classes pour accueillir 3200 élèves. La maison où vit toute leur famille n'est constituée que d'une seule petite pièce. Leur appel au secours nous montre le chemin que doit prendre le prochain siècle : inventer avec beaucoup d'audace une autre manière de vivre ensemble sur la Terre, de partager les richesses et la dignité d'être un humain.
C'est ce chemin que dessine la Convention des Droits de l'enfant. Encore faut-il la lire avec cette ambition et l'appliquer sans faiblesse.

La Convention, une chance

Ce long texte, réparti en cinquante-quatre articles, est obscur pour l'enfant qui le lit et pourtant il est porteur de beaucoup de lumière. Il proclame clairement que l'enfant est une personne qui mérite le respect, l'écoute, l'attention, la protection et le droit à l'expression comme n'importe quel autre humain de la planète. Il montre dans le détail qu'il n'y a pas de petits droits, de droits mineurs qui n'auraient que peu d'importance. Des droits

L'aide

L'objectif de l'ONU est que les pays les plus riches aident les autres au niveau de 0,7% de leur Produit National Brut (PNB), c'est-à-dire de la richesse qu'ils produisent. Seuls quatre pays, la Norvège, le Danemark, la Suède et les Pays-Bas ont respecté ce chiffre. La France vient juste après, et les États-Unis sont les moins généreux avec seulement 0,09% de leur PNB.

vitaux à l'alimentation ou à la santé jusqu'aux droits démocratiques, tous les droits se tiennent les uns aux autres, se complètent. La Convention relative aux droits de l'enfant considère en effet tous les instants, tous les aspects de la vie de l'enfant, dans leur globalité.
Elle a enfin l'énorme avantage, par rapport à des textes internationaux précédents, d'engager concrètement les pays qui l'ont ratifiée.
Les États doivent en effet rendre des comptes, s'expliquer et définir des projets pour progresser.

Une longue histoire

Le mot enfant nous vient du latin *infans* qui signifie celui qui ne parle pas. On voit déjà fidèlement se refléter dans cette origine du mot une conception bien particulière de l'enfant : sois sage et tais-toi! Les pères gaulois avaient droit de vie et de mort sur leurs enfants et les lois romaines autorisaient les hommes à accepter ou à refuser un enfant à sa naissance. Les peintures du Moyen-Âge montrent bien la place que l'on réservait aux enfants dans la famille et la société : ils étaient toujours représentés comme des miniatures en réduction fidèle de l'adulte !
S'il fallut attendre des esprits éclairés comme Montaigne pour porter

Cambodge
Jouer est un droit UNICEF/Lemoyne

Soudan
L'aide humanitaire est indispensable à la survie de certaines populations UNICEF/Betty Press

191 pays se sont engagés

Seuls deux pays n'ont pas ratifié la Convention relative aux droits de l'enfant : La Somalie et les États-Unis. Ce dernier pays ne s'engage pas sur le texte parce que plusieurs de ses États refusent d'abolir la peine de mort pour les mineurs comme l'exige la Convention.

Faire connaître la Convention

En France peu d'enfants et même d'adultes connaissent le texte de la Convention relative aux droits de l'enfant. Il faut le porter à la connaissance du plus grand nombre pour que chacun puisse être vigilant comme au Danemark où le document a été distribué dès 1993 à l'ensemble des enfants des écoles primaires. On peut se procurer le texte auprès de l'Unicef (carnet d'adresses en fin d'ouvrage).

un regard attentif sur l'enfance, ce sont surtout les philosophes du 18e siècle, le siècle des Lumières, qui fondèrent notre réflexion actuelle sur l'épanouissement de chacun. Jean-Jacques Rousseau expliquait, par exemple, que «l'enfant a des manières de voir, de sentir et de penser qui lui sont propres ; rien n'est moins sensé que de vouloir y substituer les nôtres». Les enfants ont vu leur condition lentement évoluer au rythme des progrès que les adultes obtenaient dans leur propre vie quotidienne.
De colères en révoltes, l'histoire a marqué des points pour le respect des droits de l'homme. En 1789, la Révolution française est une étape décisive. En proclamant la Déclaration des droits de l'homme et du citoyen, elle définit les grands principes assurant la liberté et le respect de chaque individu. Concernant les enfants, deux autres bornes marquent le chemin de la reconnaissance de leurs droits. En 1924, la Déclaration de Genève, adoptée par l'Union internationale de secours aux enfants, est une première tentative de codifier leurs droits. Puis en 1959 c'est la Charte des droits de l'enfant, texte en dix points adopté à l'unanimité par l'ONU. Ce texte très limité dans son ambition et dans son efficacité a donné naissance trente ans après à la Convention relative aux droits de l'enfant.
C'est la Pologne qui en eut l'initiative et qui coordonna le travail d'innombrables commissions pendant les dix longues années qui précédèrent sa signature, le 20 novembre 1989.

A quoi sert la Convention?

Aujourd'hui 191 pays sur 193 ont ratifié la Convention relative aux droits de l'enfant. C'est-à-dire que les Parlements de ces États se sont engagés à en faire respecter tous les articles. Ils se sont engagés à modifier les lois de leur pays pour qu'elles correspondent aux termes de la Convention.
Ils se sont aussi engagés à rendre des comptes, deux ans après la signature, puis tous les cinq ans, auprès du Comité international des droits de l'enfant qui écoute par ailleurs l'avis d'organisations non gouvernementales pour mieux cerner la réalité.
Cette Convention est un événement considérable dans l'Histoire des enfants. Bien sûr, ce n'est pas la ratification qui change, du jour au lendemain,

E u r o p e

La Convention concerne les enfants de tous les pays, industrialisés ou non.

Stéphan Zaubitzer
Tendance Floue

Né sous X

En France, si une mère ne souhaite pas que le lien de filiation avec l'enfant à qui elle donne naissance soit établi, elle peut accoucher sous X c'est-à-dire de manière anonyme. L'enfant peut alors être adopté par une autre famille. Mais il reste souvent dans l'ignorance quant à ses véritables parents naturels. Ce droit à connaître ses origines doit être reconnu. Il est actuellement en discussion.

le sort des enfants dans un pays. Et la rude vie de la plupart des enfants de la Terre est malheureusement toujours une terrible réalité. Le chantier de transformation nécessaire demeure énorme, gigantesque, parfois démoralisant même, tant la tâche est immense. Mais la Convention redonne justement du souffle, de l'espoir à tous ceux qui luttent pour le bonheur des enfants du monde. Elle permet des efforts, des progrès quotidiens.
Par exemple, le taux de vaccination contre la rougeole, très meurtrière, a doublé en 6 ans au Vietnam. Le Sri Lanka a interdit l'engagement dans les forces armées des moins de 18 ans. Le Bangladesh a rendu l'école obligatoire pour les filles en 1995.
Partout la Convention aide à avancer dans la bonne direction. Il reste pourtant énormément à faire.

Le signal d'alarme

En étant plus justes et fraternels dans chaque pays du monde, en étant plus solidaires entre pays industrialisés et pays en développement, on peut profondément améliorer la vie des enfants de la planète. Malheureusement nous vivons dans un monde où l'argent fait la loi et aggrave les inégalités. L'exclusion croît dans les pays riches et les enfants en souffrent de plus en plus. Ces mêmes pays aident moins qu'auparavant le reste du monde. L'aide internationale est en 1998 à son niveau le plus bas depuis 22 ans. Depuis la signature de la Convention, elle a baissé de 30%.

En Afrique, l'état de la santé publique s'aggrave dramatiquement. Le Sida ravage la jeunesse. Sur 10 personnes atteintes par la maladie dans le monde, 7 vivent en Afrique. Le nombre de morts qu'il provoque, les absences pour cause d'obsèques qu'il engendre, sont à un tel niveau que l'économie d'un pays comme le Zimbabwe s'en trouve déstabilisée :

Timor oriental

La violence contre les indépendantistes.

RÉA

Turquie

Tremblement de terre de 1999, les enfants ont droit aux soins prioritaires

Horvat/RÉA

Et les devoirs ?

Souvent les adultes interpellent les enfants : « Vous avez des droits mais aussi des devoirs ! ». Ils veulent sûrement dire qu'il faut connaître ses obligations vis-à-vis des autres. Heureusement pourtant que la Convention des devoirs de l'enfant n'existe pas ! Ce serait une étrange conception des rapports enfants-adultes. Le seul devoir d'un enfant n'est-il pas de savoir que tous les autres humains ont les mêmes droits que lui et qu'il doit donc agir pour que chacun puisse pleinement en jouir ? Un bon moyen de se respecter mutuellement.

la production de maïs et de coton y a chuté de 50 % ! C'est le manque d'argent, d'hôpitaux, d'éducation qui permet au virus de s'installer ainsi sur tout un continent.

Le chantier est immense

Quand on évalue le chantier en cours, dix années après la signature de la Convention, on mesure aussi combien dans les pays riches, il demeure à accomplir. Le nombre d'enfants maltraités en France ne cesse par exemple de s'accroître. Quand en 1999, la Grande-Bretagne veut interdire les châtiments corporels à l'école, il se trouve plusieurs dizaines de directeurs d'écoles privées pour s'y opposer.
Mais l'idée que l'enfant est une personne méritant le respect avance malgré tout. La Convention joue un rôle d'aiguillon. Des associations s'appuient sur elle pour exiger plus, obtenir des progrès. Ainsi, en France, l'idée qu'un médiateur des enfants soit en permanence à leur disposition devrait rapidement se concrétiser. De la même manière, on ne va bientôt plus pouvoir léser lors d'un héritage un enfant dit naturel (enfant né hors du couple légalement déclaré).

En 2050, la population de la terre devrait se stabiliser autour de 10 milliards d'habitants. Si l'on veut que le troisième millénaire ressemble pour tous au jardin dont nous rêvons, il nous faut encore puiser beaucoup d'eau entre les lignes de la Convention. Les résultats déjà obtenus doivent nous rendre optimistes.
Ce livre fait le point sur la vie des enfants en France et dans le monde ; le point sur les progrès, mais surtout sur les douleurs qu'il nous faut apaiser, éliminer, éviter à des millions d'enfants ; sans classement par priorité ou par importance. En vérité, de chacun de ces droits dépendent tous les autres.

Ethiopie

L'allaitement permet de sauver des millions d'enfants UNICEF/Lemoyne

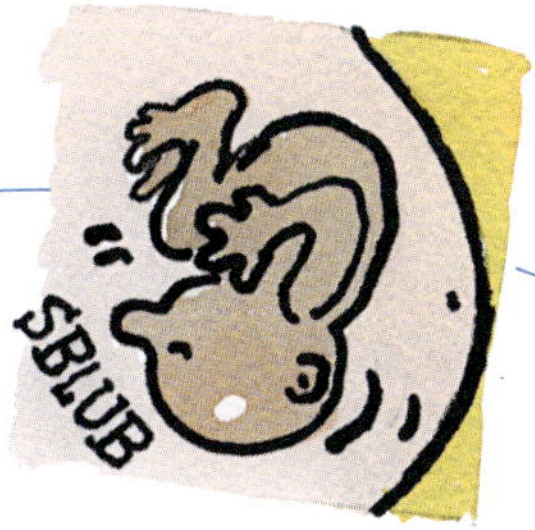

Bienvenue

SUR TERRE !

Dommage qu'avoir une petite sœur ça nous coûterait trop d'argent.

Karim, 8 ans.

Un nouveau-né débarque sur la Terre. C'est une double chance. Pour celui qui arrive et va à coup sûr adorer la vie. Mais c'est une chance aussi pour les autres. Les hommes, les femmes et les enfants ont encore tellement de découvertes à faire, de chantiers à entreprendre, de nouvelles lois à proclamer que toutes les énergies sont les bienvenues!
Que va nous apprendre, nous apporter ce nouveau Terrien? A coup sûr beaucoup, si on lui en laisse le temps, si on lui en donne tous les moyens.

Enfants attendus

Le bonheur de venir au monde parmi une famille, des parents qui ont choisi d'avoir un enfant parce qu'ils s'aiment et qui peuvent réunir les conditions nécessaires à cet accueil pourrait être égal pour tous.
Aujourd'hui, grâce aux progrès de la médecine, la contraception permet quasiment aux parents bien informés de choisir le nombre d'enfants qu'ils désirent et les années de leur naissance. Les familles qui le souhaitent et qui en ont la possibilité matérielle peuvent ainsi s'agrandir; et celles qui ne veulent pas de nouvel enfant, ne pas en concevoir.
«Et les frères et sœurs, ils ont aussi leur mot à dire!» Stéphanie, 11 ans, a raison. Lorsque je la questionne sur le sujet, elle insiste : «Les aînés ont aussi des droits!» Combien

Bien naître

La naissance est un événement tellement important dans la vie d'un enfant que de nombreux spécialistes s'attachent sans cesse à en améliorer les conditions. Ils tentent d'éliminer toute violence de ce temps fort : accouchement en milieu aquatique, en lumière douce, en musique... Des progrès sont toujours possibles. La participation du père est désormais entrée dans les mœurs dans de nombreux pays industrialisés. Le droit de visite des frères et sœurs à la maternité devrait aussi pouvoir se généraliser.

Yémen

Les pères de plus en plus concernés par l'enfance UNICEF/Magnoni

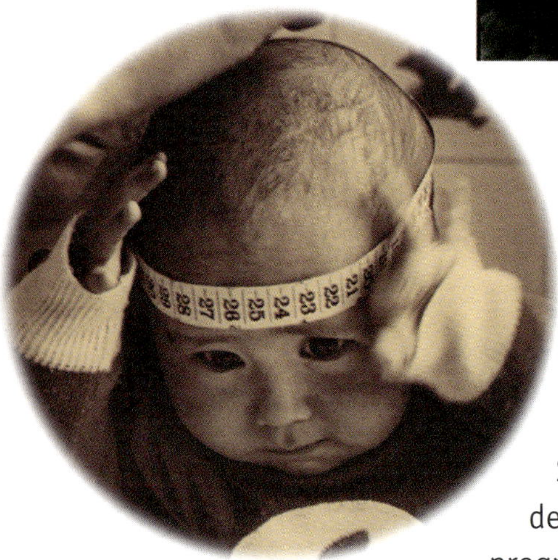

il est préférable en effet pour un nouveau-né et sa famille de vivre un tel accueil, un tel désir heureusement partagé par tous! L'inégalité qui sévit toujours sur Terre fait que ce premier bonheur, simple comme un bonjour de bienvenue, n'est vécu que par une petite partie de l'humanité.

Si la science peut permettre en effet de maîtriser la vie et le pouvoir de la donner, des millions de familles ne bénéficient pas de ce grand progrès parce qu'elles n'ont pas été éduquées, informées, aidées en ce sens. L'injustice commence donc très tôt ; avant même la naissance.

Bébé d'abord !

Neuf mois durant, le bébé nous paraît relativement à l'abri des malheurs du monde dans le tiède liquide amniotique où il baigne, au creux du ventre de sa mère. Il se sent protégé par la voix et la chaleur de ceux

Les mères

Chaque année dans le monde ce sont environ 650 000 femmes, dont la moitié en Asie, qui meurent pendant leur grossesse mal surveillée ou en accouchant hors contrôle médical. Elles laissent souvent des orphelins. Ce nombre est malheureusement en augmentation.

Un nom, une nationalité

Dès sa naissance, chaque enfant doit pouvoir exister en tant qu'individu. Pour cela il doit se voir attribuer un nom, un prénom, et acquérir une nationalité sans aucune mention particulière qui pourrait conduire à une discrimination ultérieure. Il doit en outre pouvoir devenir citoyen de l'État qui l'a vu naître et bénéficier ainsi de sa protection.

qui l'entourent. Pourtant, le petit fœtus subit déjà les mouvements contradictoires de l'humanité, leur rudesse. On estime par exemple que la sous-alimentation d'une femme enceinte a des conséquences sur l'évolution du bébé qu'elle porte. Il faut aussi parler de l'angoisse de certaines mères, de l'insuffisance de repos et de congés, de l'absence de suivi médical régulier, qui sont autant de facteurs traumatisants pour le fœtus. Avant même d'avoir pu pousser leur premier cri, des millions de bébés sont agressés par l'injustice que subit leur mère. Ainsi les nouveaux-nés pesant moins de 2,5 kg à la naissance, qui ne représentent que 5% des enfants mis au monde dans les pays industrialisés, sont quatre fois plus nombreux dans les autres pays. Pour eux, les risques de mourir dès les tous premiers jours sont élevés.

Puis vient la naissance, heureuse en général lorsqu'elle a lieu dans un milieu hospitalier sûr, mais souvent dangereuse pour la mère et pour l'enfant quand elle se déroule hors de toute présence médicale, comme c'est la règle dans de nombreux pays du tiers monde. En Somalie, seulement 2 % des naissances sont suivies par du personnel soignant qualifié. Par manque de soins appropriés, 20 fois plus de nourrissons meurent au Mali qu'en France avant d'avoir atteint leur premier anniversaire.

En posant le pied parmi les humains, les enfants découvrent immédiatement ce qui les divise : la richesse matérielle.

Nicaragua

Les cinq premières années de l'enfant sont décisives UNICEF/Daguet

Faim DE VIVRE !

J'ai lu
que de la vitamine A
pour une année, pour un enfant,
ça ne coûte que 35 centimes.
Ça lui évite de devenir aveugle.
C'est si peu.

Mélanie, 12 ans.

Zimbabwé

Organisation de la distribution de l'aide alimentaire

UNICEF/Watson

À chaque tour de Terre, des enfants jouent le jour, rêvent la nuit pendant que d'autres meurent. Toutes les 24 heures, 35 000 d'entre eux quittent la planète Vie. Le plus souvent à cause de leur alimentation. L'humanité toute entière porte le fardeau de ces 35 000 hontes quotidiennes. Et quand elle ne tue pas, la faim affaiblit, mutile, torture. Actuellement quelque 830 millions de personnes en souffrent directement. Le quart sont des enfants de moins de 5 ans.
Lorsque toute une population manque de nourriture, c'est la famine, la forme la plus brutale de la faim.
Il suffit d'une catastrophe naturelle, d'une inondation, d'une sécheresse, ou d'une guerre pour que le fragile équilibre d'une sous-alimentation latente bascule alors dans l'horreur. Mais la faim c'est surtout une injustice régulière, quotidienne et permanente subie par un être humain sur cinq.

La faim, au jour le jour

Pour vivre et grandir dans des conditions satisfaisantes, un enfant a besoin de multiples éléments dont la combinaison apporte à son organisme énergie, protection et développement. C'est la ration alimentaire minimale. On exprime sa valeur énergétique en calories. Ainsi un enfant en bonne santé doit absorber 820 calories par jour à 1 an. Ce chiffre passe à 2 200 pour un enfant de 9 ans, et à 2 900 pour un adolescent.

Cambodge

L'eau, source de plaisir aussi UNICEF/Lemoyne

Les vitamines indispensables

Une carence en vitamine A (l'huile, la carotte) suscite la xérophtalmie qui rend aveugle. Encore cette année, 250 000 enfants perdront la vue pour cette raison. Une carence en vitamine C (dans les agrumes) provoque le scorbut responsable d'hémorragies et de troubles cardiaques mortels. Une carence en vitamine D (dans le beurre) retarde la croissance des os et entraîne le rachitisme.

Trois grandes régions du monde se situent en-dessous de ces seuils moyens : l'Asie, l'Afrique, et l'Amérique latine.
Mais la sous-nutrition (l'absorption d'une quantité insuffisante de nourriture) n'est pas la seule manifestation de la faim. Pour être efficaces, ces calories doivent être fournies par une nourriture diversifiée. Nous avons notamment besoin de 70 g de protéines par jour, d'un minimum de vitamines et de sels minéraux, de lipides, de glucides. Au problème de la sous-nutrition (la quantité) vient donc s'ajouter celui de la malnutrition (la qualité, l'équilibre). Toute insuffisance, toute carence provoque des maladies graves, parfois la mort.

Parfois, je trouve les humains vraiment fous de ne pas s'aider davantage.
Bali, 9 ans.

Cette situation a des causes diverses, mais les pays occidentaux qui pendant des décennies ont colonisé ces peuples, et continuent aujourd'hui d'entretenir avec eux des relations injustes et déséquilibrées ont une responsabilité écrasante. On fait par exemple remplacer les cultures vivrières qui alimentent les populations locales, par une agriculture d'exportation qui répond aux besoins des pays riches (café, primeurs, etc.). Les haricots verts du Congo ont cet amer goût de détournement de soleil. Ce sont aussi les pays riches qui fixent à leur avantage les prix d'achat des productions du tiers monde et contribuent à

Des progrès autour de l'iode

Un manque d'iode atteint la thyroïde et provoque des retards mentaux ou la surdité. Le goître endémique touche ainsi 200 millions de personnes. Des progrès importants sont actuellement réalisés dans certains pays comme le Kenya ou le Nigeria qui sont parvenus à intégrer l'iode dans le sel utilisé par les familles. Cette année, dans ces pays, des milliers d'enfants échapperont à de cruels handicaps.

les noyer dans des dettes impossibles à rembourser. Quand le Nicaragua ou la Zambie reçoivent 100 dollars d'aide, ils doivent en rembourser 50 au titre de la dette.

Les hommes ont actuellement les moyens d'en finir avec la faim. Ils savent le faire et les richesses existent pour y parvenir. À eux de le décider.

L'eau, source de vie

Boire est aussi indispensable que se nourrir. Un litre d'eau par jour est nécessaire à un habitant des zones climatiques tempérées comme l'Europe. Ce besoin est multiplié par quatre ou cinq dans les régions du monde les plus chaudes et arides, justement là où la sécheresse est souvent redoutable. On meurt de soif dans de nombreux pays en voie de développement. Et les enfants sont les premières victimes.

Comme pour la nourriture, le problème de la qualité de l'eau s'ajoute à celui de sa quantité. Les maladies intestinales occasionnées par l'eau non-potable sont en effet une des principales causes de mortalité infantile. Au Maroc par exemple, seuls 65 % de la population ont accès à une source d'eau potable. 49 % en Turquie. 25 % en Éthiopie.

À partir des estimations de la Banque mondiale on peut affirmer qu'une réduction de 1 % des dépenses militaires permettrait pourtant à l'humanité toute entière de disposer d'eau potable dans les prochaines années.

Un fléau mondial

Pour l'essentiel, ces dégâts humains insupportables causés par la malnutrition frappent des pays qui n'ont pas atteint notre niveau

Soudan
La bataille pour l'eau potable UNICEF/Lemoyne

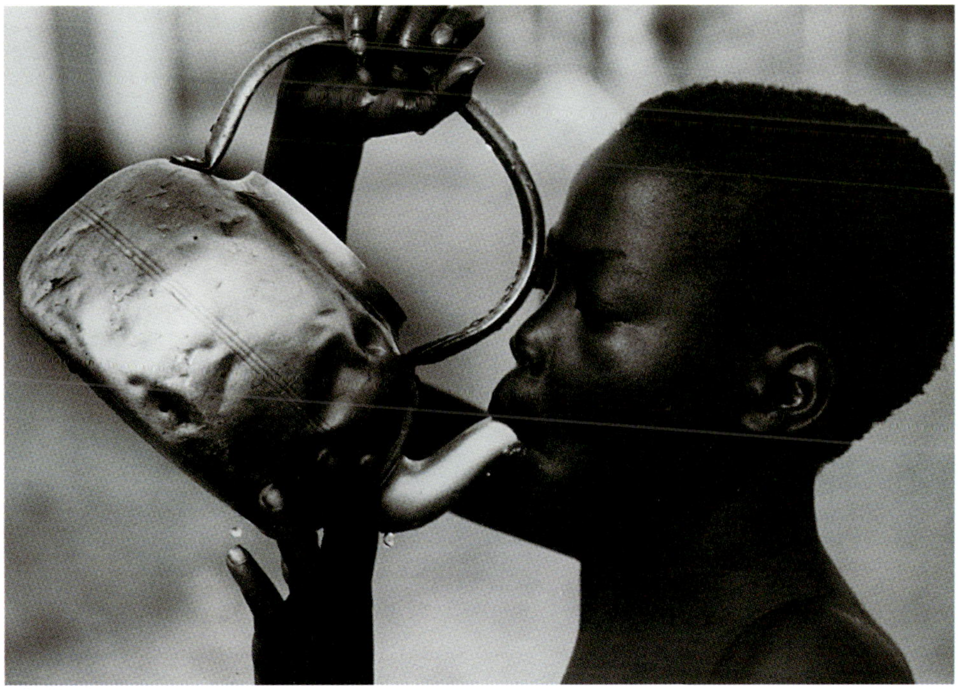

Maladies de la faim

L'insuffisance globale de tous les éléments vitaux provoque le marasme, un amaigrissement spectaculaire qui peut atteindre 60% du poids de l'enfant. Un manque de protéines (lait, viande) cause le kwashiorkor, caractérisé par «le gros ventre». Une altération du foie et de la protection naturelle contre les virus et les microbes s'ensuit. Le manque de fer (lentilles, artichaut) entraîne l'anémie qui se concrétise par une insuffisance de globules rouges dans le sang. Les enfants et les femmes en souffrent beaucoup dans le tiers monde. On estime à 700 millions le nombre de personnes qui en souffrent actuellement.

de développement économique. Les enfants des pays industrialisés échappent dans leur grande majorité à ce fléau. On voit, au contraire, se répandre chez nous des phénomènes liés à une suralimentation, comme les maladies cardio-vasculaires, ou des prises anormales de poids.
On consomme en France, en moyenne 87 kg de viande par an et par habitant. En Afrique : 4,5 kg.
Mais gardons-nous de simplifier la réalité. En effet, ce ne sont pas tous les habitants des pays en voie de développement qui subissent la faim. Dans de nombreux cas, une minorité extrêmement riche gaspille des fortunes dans les capitales de ces pays pendant que le reste de la population se débat

C a n t i n e

Manger c'est aussi le bonheur d'être entre amis

Stéphan Zaubiter
Tendance Floue

parmi d'insurmontables problèmes. De la même manière, la malnutrition et la sous-alimentation ne sont pas absentes de nos pays industrialisés. Au contraire, elles y multiplient actuellement leurs effets. Ainsi, la revue America estime qu'aux États-Unis, 12 millions d'enfants souffrent de carences alimentaires. Pour la seule ville de Chicago, les aides d'urgence distribuées par la municipalité ont dû être multipliées par 1 000 en trois ans. En France, on relève actuellement une baisse importante de la fréquentation des cantines scolaires trop coûteuses pour certaines familles. Les repas que les enfants pouvaient y prendre garantissaient pourtant l'équilibre de leur alimentation. Et chaque hiver des dizaines de milliers de familles vont faire la queue aux portes grandes ouvertes des «Restos du Cœur» ou bien sollicitent l'aide d'autres organisations humanitaires.
Dans les pays pauvres tout le monde n'est pas pauvre et exposé aux dangers de la misère, et dans les pays riches tout le monde n'est pas riche, loin de là. Au centre de ces premières constatations : l'argent, qui fait la différence entre pays et, dans un même pays, entre ses habitants.

Y'a quand même de la place sur la Terre pour planter du blé ou des pommes de terre!

Quentin, 10 ans.

Respirer
LA SANTÉ

Amérique Latine

Ne pas jouer avec sa vie

UNICEF/Taçon

Les enfants ont le droit de jouir du meilleur état de santé possible. Le respect de leur vie, c'est avant tout le respect de leur corps, de son évolution. Pourtant plus de la moitié de la population mondiale ne bénéficie d'aucune forme permanente de soins. Or les enfants affaiblis et fragilisés par la malnutrition sont les plus exposés aux risques d'infection et aux agressions virales. Les affections bénignes prennent alors des proportions inconnues dans nos pays.

Prévenir en vaccinant

Six maladies, faciles à combattre, et dont on sait parfaitement se protéger, causent les plus grands ravages parmi les jeunes enfants du monde en développement. Il s'agit de la coqueluche, de la poliomyélite, de la diphtérie, du tétanos, de la tuberculose et de la rougeole. Prenons le cas de cette dernière, de loin la plus meurtrière. Elle est considérée comme anodine dans de nombreux pays et pourtant un enfant qui contracte la rougeole risque d'être victime de complications (pneumonie, inflammation du cerveau...). L'Inde a, par exemple, perdu 650 000 enfants en 1984 à cause de cette maladie, mais depuis, tout le pays s'est mobilisé.

La grande forme

Bien dans sa tête et dans son corps J.P. Vallorani/Le bar Floréal

La Sécurité sociale

En France, on l'appelle souvent la Sécu. Créée en 1945, la Sécurité sociale fonctionne selon les principes du partage et de la solidarité. Elle permet le remboursement de l'essentiel des frais de santé des familles. Malheureusement ses principes fondateurs sont sans cesse remis en cause. Se soigner les dents coûte par exemple très cher. Dans de nombreux pays cette garantie n'existe pas.

Des moyens importants ont été débloqués, et les résultats sont spectaculaires : 81% des petits Indiens ont pu être immunisés.
Les enfants devraient tous avoir le droit d'être à l'abri de ces six maladies. C'est le sens d'une campagne d'envergure de l'Unicef et de l'OMS (Organisation Mondiale de la Santé) qui vise à vacciner dans les meilleurs délais la quasi-totalité des enfants et toutes les femmes enceintes dans le monde. D'énormes progrès ont été enregistrés au cours des années quatre-vingt-dix et cet objectif peut être atteint si l'effort se poursuit. L'affaire est pourtant complexe surtout pour les régions les plus pauvres où les habitants se trouvent éloignés de tout service de santé. Une infirmière nous raconte qu'il lui «faut aussi lutter contre la chaleur, puisque les vaccins doivent de manière générale être maintenus entre 0 et 8°C. Par 40°C à l'ombre, ce n'est pas simple, surtout si l'on veut atteindre les familles privées d'électricité». Malgré tout, l'OMS a calculé qu'immuniser totalement un enfant ne coûte que 75 francs, un investissement dérisoire. Le Sénégal a su faire cet effort : plus de 70% des enfants y sont aujourd'hui protégés des maladies les plus fréquentes alors qu'en 1985, à peine 10% d'entre eux étaient vaccinés.

La santé pour tous

En France, la protection de la santé des jeunes enfants a réalisé des progrès considérables au cours des dernières décennies, grâce notamment à l'efficacité des centres de PMI (Protection maternelle et infantile) lancés à la

La polio

Après l'éradication de la variole, c'est la poliomyélite qui pourrait prochainement disparaître de la surface de la Terre. Cette terrible maladie connue depuis 3000 ans, tuait ou paralysait 500 000 personnes par an.

Libération. Le taux de mortalité des moins de 5 ans est passé en 40 ans de 34‰ à 5‰. Mais on peut encore faire progresser l'espérance de vie de chacun d'entre nous et en finir avec l'inégalité devant la mort qui frappe aussi les adultes. Il faut en effet savoir qu'actuellement 25 % des ouvriers les moins qualifiés décèdent avant d'atteindre l'âge de soixante ans alors que seulement 9 % des cadres supérieurs connaissent ce sort. De la même manière la chance de survie d'un nourrisson est étroitement lié à son milieu social. Elle est de deux à trois fois plus importante pour un enfant dont les parents exercent une profession libérale que pour un enfant d'ouvrier agricole.

Le pire dans la drogue, c'est qu'on peut en trouver.
Sylvain, 13 ans.

Les conditions de vie, de soins et de prévention doivent pouvoir offrir à chaque enfant, quelle que soit la fortune de ses parents, une espérance de vie équivalente.

La mort au bout de la drogue

Parfois quand le corps fatigue, le moral baisse, l'inquiétude gagne, une grande lassitude, une angoisse persistante ou une tristesse passagère peuvent nous atteindre. Dans ces moments de découragement, des gestes lourds de conséquences peuvent être commis ; le recours à des substances

N i c a r a g u a

Un enfant de dix ans sniffant de la colle UNICEF/Horner

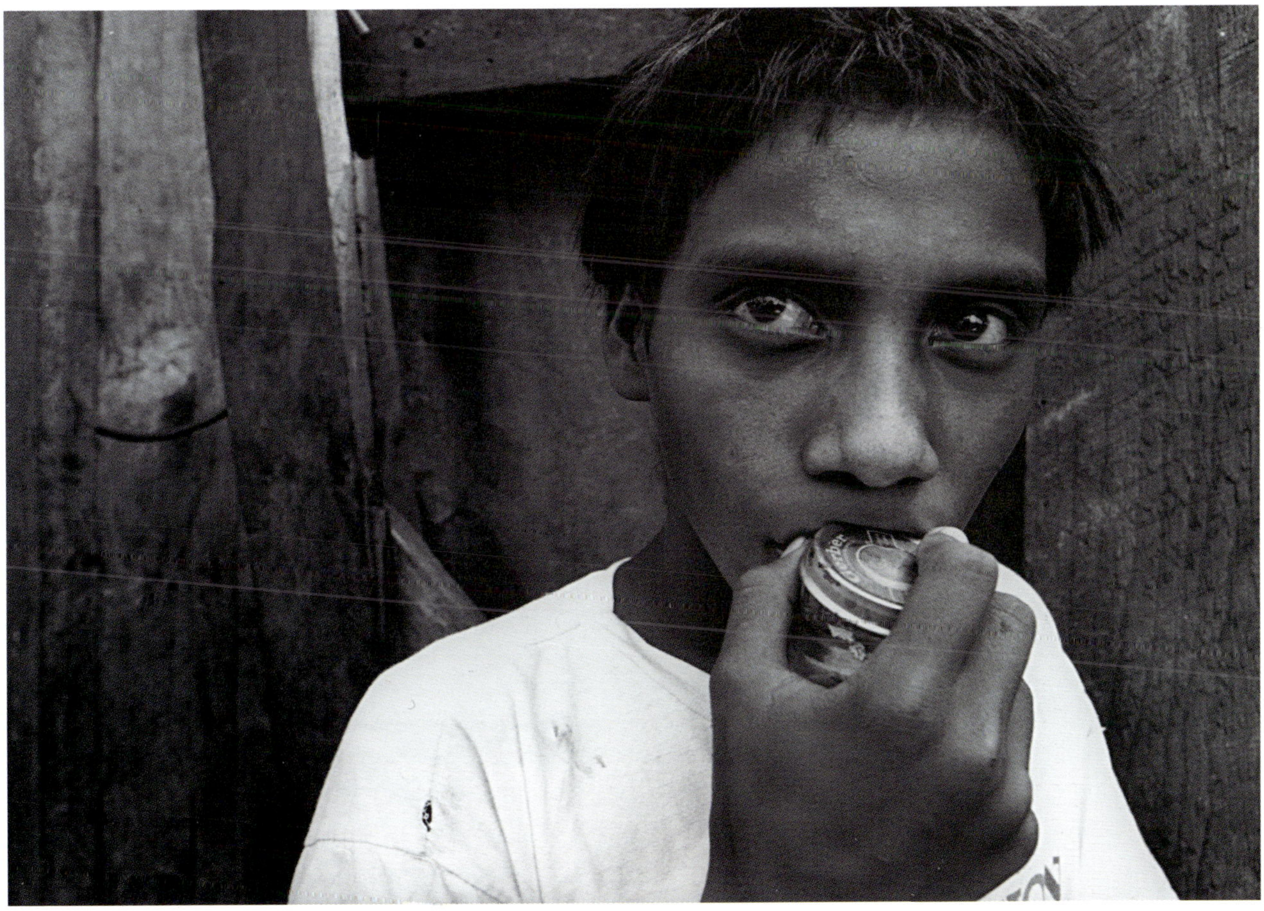

Colombie

Un moment important et souvent souriant, la pesée UNICEF/Tolmie

Filles mutilées

Le fardeau des coutumes et les habitudes de domination des hommes pèsent toujours lourd sur les épaules des filles et des femmes. Par d'insupportables mutilations pratiquées sur leur sexe, 2 millions de fillettes sont ainsi volontairement marquées, handicapées dans leur bonheur d'aimer (75% des Égyptiennes, 90% des Somaliennes par exemple). En outre, ces mutilations se déroulent le plus souvent en dehors de tout contrôle médical, mettant en danger la vie des enfants. En Afrique, seul le Ghana a pour l'instant officiellement interdit ces pratiques.

pour repousser à un peu plus tard ses problèmes.
Tout produit agissant sur le système nerveux affaiblit notre organisme, notre vitalité. Sous leurs inoffensifs emballages, l'alcool et le tabac, utilisés sans modération, agressent profondément notre santé. On sait, par exemple, que la moitié des jeunes qui prennent l'habitude de fumer à l'adolescence, et la conservent, mourront à cause du tabac. Parmi les garçons de 15 ans qui fument aujourd'hui aux États-Unis, le tabac fera d'ici à 2050 plus de victimes que le meurtre, le suicide, la drogue, l'alcool, la route et le SIDA réunis!
Puis il y a tout l'arsenal des toxicomanes, colles et solvants, médicaments, canabis, ecstasy, héroïne, cocaïne, le terrible labyrinthe des sans-espoir. En France, 140 000 jeunes se droguent. Ce n'est pas une honte qu'il faut taire, ce n'est pas non plus une manière comme une autre de vivre son adolescence. C'est plus simplement une atteinte à sa liberté dont il faut se sortir avant d'en mourir.
Et bien sûr que l'on peut y arriver! On en revient encore plus facilement lorsque tous les copains, les parents, ceux qui

Le sida

Depuis dix ans près de 5 millions de personnes sont décédées à cause du sida et on estime actuellement que chaque jour près de 10 000 personnes dont 1500 enfants sont infectées par le VIH (le virus responsable de la maladie). Déjà 9 millions d'enfants ont perdu leur mère, emportée par le sida. Ce sont les pays en voie de développement qui supportent l'essentiel de cette souffrance : plus de 90% des victimes. En Afrique, c'est l'urgence totale. 7 millions d'orphelins à cause du sida. Entre 1996 et 1999, le nombre d'orphelins a été multiplié par 3 à Madagascar, par 4 au Botswana. Seules l'information et la prévention peuvent enrayer l'épidémie.

tiennent à nous ne se défilent pas, qu'ils écoutent, qu'ils parlent! La société non plus ne doit pas fuir. Informer et agir devraient être ses premiers devoirs, à l'école, à la télévision, ou dans le quartier. D'autant plus que ses responsabilités sont grandes dans cette affaire. Quand on prive un jeune de travail ou qu'on le sous-paye, on lui fait croire qu'il est inutile à ses semblables et on facilite le travail des dealers (vendeurs de drogue). Derrière les seringues et les poudres, il y a en effet les hommes d'affaires de la drogue, ceux qui glissent facilement entre les mailles des filets de la police, forts de leurs 1 500 millions de francs de bénéfices annuels. Meurtres, corruption, trafics d'armes accompagnent leur négoce. Ce sont bien les seuls pour qui la drogue n'est pas «de la merde».

Je ne comprends pas pourquoi on peut mourir dans le monde, de maladies qu'on sait soigner.

Vanessa, 12 ans.

Dans l'hôpital où je suis allée, c'était bien, il y avait une bibliothèque avec un ordinateur.

Dorothée, 10 ans.

E g y p t e

Séance de vaccination publique UNICEF/Sprague

À l'abri DE LA MISÈRE

Mes parents m'ont dit
que nous aussi un jour
on peut devenir très pauvres.

Cerise, 10 ans.

Afrique du Sud

La rue pour maison

UNICEF/Rory

Au cœur des malheurs du monde : la pauvreté. Elle sépare les humains, et prive les enfants des droits vitaux. Le plus révoltant est qu'elle s'accroît !
Dans les pays en développement, la croissance économique augmente bien moins vite que le nombre d'habitants ou le montant de la dette envers l'étranger. Dans de nombreux pays dits riches, la pauvreté se répand avec le chômage et la baisse du pouvoir d'achat des familles. En Grande-Bretagne, par exemple, 3 millions d'enfants vivent en dessous du seuil minimal de pauvreté, quatre fois plus qu'il y a 30 ans! Aux États-Unis, depuis 1970, les familles les plus pauvres ont perdu 1 750 dollars par an alors que les plus riches ont vu leurs revenus progresser de 8%. En France on évalue à 3 millions le nombre d'enfants vivant dans des familles au revenu mensuel inférieur à 4 000 francs. Les enfants de la misère ne peuvent forcément pas se nourrir, s'habiller, se loger, se soigner, apprendre, c'est-à-dire vivre leur enfance comme ils le voudraient, comme il le faudrait.

Un toit, un foyer

Dans notre pays, 400 000 personnes dont la moitié sont des enfants vivent dans des habitats de fortune, de vieilles caravanes, des camions, des hangars. Leur quotidien c'est la maladie, l'insécurité, les risques d'incendie,

Paris XVIIIème

Famille mal logée dans une chambre d'hôtel Stéphan Zaubitzer/Tendance Floue

Enfants des rues

Au Brésil, 7 à 8 millions d'enfants vivent dans la rue. Chaque année des centaines de ces enfants sont assassinés, parfois même par des brigades secrètes travaillant parallèlement aux forces de police, visant à «nettoyer» la ville de ses enfants les plus pauvres.

dont les moins de 10 ans en sont les premières victimes.
Nacer a vécu son enfance dans un bidonville. Il se souvient des devoirs faits à la bougie à l'époque des centrales nucléaires : «Notre baraque, c'est comme cela que l'on appelait ces petites cabanes, on l'aimait, on l'adorait. Ma mère la décorait le mieux possible. Maintenant que je suis un adulte, ce que je trouve le plus révoltant c'est de nous avoir fait aimer cette misère, comme si pour nous c'était déjà une chance que d'avoir ce toit percé.» Puis il y a aussi les sans-abris qui recherchent un porche, une cave ou une buse oubliée sur un chantier pour passer leur nuit. Au cours de l'hiver 1987, 100 personnes sont mortes de froid, en France. Depuis le nombre de personnes sans domicile s'est considérablement accru.

Dans les grandes villes du tiers monde la situation du logement déjà catastrophique s'aggrave aussi. On ne peut considérer comme corrects que 30% des logements en Amérique Latine. 17% en Asie et 7% en Afrique. Sur 10 habitants, 4 vivent dans des taudis à Brasilia (Brésil), 7 à Casablanca (Maroc) . Ce sont au total quelque 400 millions d'enfants qui vivent dans des taudis urbains.

Bénéficier d'un logement sain, agréable et bien équipé ne devrait pas être un luxe, mais bien un droit, reconnu et garanti par tous les États. Ainsi, en France, plutôt que d'expulser une famille pauvre d'un logement, de disperser parents et enfants parce qu'il n'existe pratiquement pas de foyer d'hébergement familial, ne pourrait-on pas au contraire aider ces gens à vivre normalement, autour de projets, sous un même toit?

Croatie

Dans les ruines de Pakrac UNICEF/De Haan

Privés de famille

Dans les pays où les États n'assument pas leurs responsabilités, on peut être de trop dans une famille. Alors le nombre d'enfants vivant dans la rue ne cesse de s'accroître. Dans la seule ville de Rio de Janeiro (Brésil), ils sont 2 millions à errer à la recherche de leur avenir et d'une enfance perdue. Certains gardent un mince contact avec leurs parents, d'autres sont abandonnés dès le plus jeune âge, tous tentent de survivre, naviguant à tâtons parmi les trafics, les vols, l'exploitation et la famine. Lorsqu'une mère est contrainte d'abandonner son enfant, cela fait deux vies gâchées. Bien plus qu'un rejet trop vite condamné par quelques bonnes consciences,

Le marché de l'horreur

Un trafic d'organes volés à des enfants pauvres est-il organisé pour satisfaire les besoins en greffes des pays riches? De nombreux témoignages accablants tendent à le montrer. Un incroyable trafic de cornées prélevées sur des yeux d'enfants vivants a été dénoncé en Colombie. L'horreur à l'état brut.

Solidarité

Des enfants déballent des cartons de nourriture Stéphan Zaubitzer/Tendance Floue

Pauvres dans un pays riche

Aux États-Unis, le nombre des enfants vivant dans «la pauvreté extrême» a doublé en dix ans selon le Children's Defense Fund (association de défense de l'enfance). Ils sont aujourd'hui 21,5%. Ils connaissent la malnutrition, la maladie et la violence. Toutes les quatorze secondes, un enfant y est arrêté par la police, toutes les deux heures un enfant est tué par arme à feu, toutes les quatre heures un enfant se suicide.

Inégalités

20% des Terriens les plus riches consomment 86% des ressources mondiales. Le 6 milliardième membre de la famille humaine est né en 1999. Il vivra 2 fois moins s'il est Ougandais ou s'il est Suédois.

ce geste est souvent celui de la dernière chance que l'on croit offrir à un enfant. Malheureusement au bout de la rue de la Misère, c'est encore la misère qui tient commerce. Les enfants privés de famille sont, plus que les autres, la convoitise des trafiquants. Les businessmen de l'enfance ne tardent pas à s'intéresser à eux. Avant même qu'ils puissent produire un travail ou mener une activité, on exploite leur état de bébé. De véritables marchands d'enfants guettent les abandons, achètent des nourrissons à des parents sans ressources, ou les enlèvent pour alimenter les filières très rentables de l'adoption, aux États-Unis ou en Europe. En France, près de 25 000 familles ont actuellement déposé une demande d'adoption. Leur bonheur et celui de leur futur enfant ne passent bien évidemment pas par cette contrebande.

Souvent, dans mon lit, je pense au monsieur qui dort devant mon école, au froid.

Malika, 9 ans.

Bolivie

Bidonville dans la périphérie de La Paz UNICEF/Graciano

HEUREUSEMENT, IL Y A LES ENFANTS !

Pérou

Partout, les enfants curieux d'apprendre et de savoir

UNICEF/Antmann

L'école
DE LA VIE

En allant à l'école
les filles apprendraient mieux
à ne pas se laisser faire.
Fatoumata, 11 ans.

Apprendre pour enrichir sa pensée, sa connaissance, son action sur le monde, c'est depuis toujours la passion des hommes. C'est aujourd'hui un droit que proclame clairement la Convention relative aux droits de l'enfant. Pourtant en ce début de 21e siècle, 130 millions d'enfants ne reçoivent aucune formation scolaire et 850 millions d'adultes sont analphabètes. En Afghanistan, par exemple, à peine un enfant sur cinq fréquente l'école ; un sur sept au Mali.
La situation des filles est particulièrement alarmante.
On considère souvent qu'il n'est pas nécessaire de les envoyer à l'école. Dans les pays pauvres on a presque partout tendance à les utiliser pour les travaux de la maison ou de la ferme.
On veut aussi les maintenir dans l'ignorance pour perpétuer un pouvoir masculin sur elles, souvent sous des prétextes religieux non fondés. Au Bénin 66% des filles ne vont pas à l'école contre 30% des garçons. Des progrès sont cependant réalisés dans certains pays. En Égypte des écoles de proximité limitent les longs trajets dissuasifs. Au Népal, on va jusqu'à verser une petite allocation d'encouragement aux parents dont les filles fréquentent l'école.

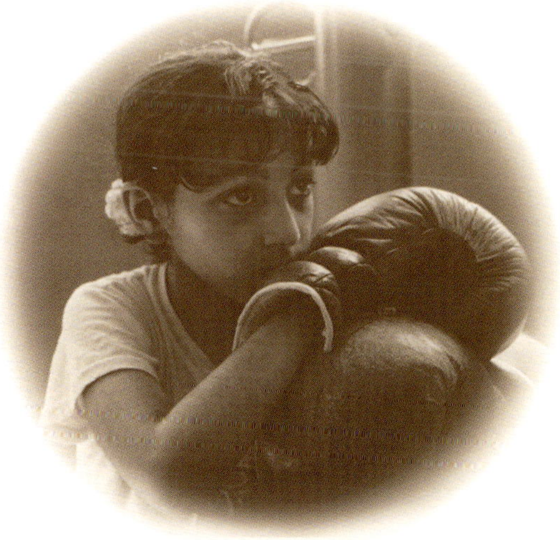

D'après une photographie
de Stéphan Zaubitzer/Tendance Floue

Le long chemin des écoliers

En France, après des siècles de domination absolue d'une noblesse et d'un haut clergé qui ne voulaient rien partager,

•••

Des écoliers aux mains vides

Dans les statistiques de l'Unicef on peut relever qu'au Burkina Faso 79% des classes ne possèdent ni craies ni tableaux.
À Madagascar, 71% des élèves n'ont pas de manuel scolaire.
En Russie, entre 1994 et 1999, 30 000 écoles maternelles ont été fermées.

et surtout pas le savoir, la revendication s'est faite de plus en plus forte. Les révolutionnaires de 1791 annoncèrent une «instruction publique commune à tous les citoyens, gratuite et divisée en trois degrés». Mais il fallut attendre 1882 pour que la loi rende l'école obligatoire et gratuite pour les enfants de six à treize ans. Ce n'est que depuis 1959 que la scolarité doit au minimum durer jusqu'à seize ans. Quant à la gratuité, on sait bien qu'un siècle après les lois de Jules Ferry, elle n'est que théorique. Les livres, les transports, le matériel spécialisé coûtent cher et chaque rentrée scolaire est une épreuve pour beaucoup de familles. L'enjeu est pourtant de taille : la possibilité pour chaque enfant de devenir un homme libre qui sache faire usage de sa liberté. Mais pour cela l'école doit encore bouger pour que chacun aime y aller et en ressente l'utilité.

La culture à pleines dents

L'école, parfois je la déteste mais je fais exprès.
Loïc, 10 ans.

Je peins une toile, tu inventes, il joue du violon ou elle filme, nous fouillons une grotte, vous montez une pièce, ils dessinent ou elles dansent le rock... La culture se conjugue à toutes les personnes, et elle doit le faire sans en oublier aucune! Il faut certes aller à l'école pour se cultiver mais aussi au cinéma, au théâtre, au musée, écouter la radio, des symphonies, des chansons, des discours, lire, faire du sport ou regarder la télévision... C'est aussi découvrir l'aventure des hommes au travail, leurs traditions et leur histoire, savoir observer la nature

Les vacances de la solidarité

Cette année, Antoine (12 ans) et Christian (13 ans) sont partis pour la première fois en vacances grâce aux actions de solidarité du Secours populaire français (SPF). Le premier a trouvé que «le sable de la vraie plage était bien plus beau que celui du bac à sable.» Pour Christian, «les Hollandais sont super gentils! Ils sont tellement sympas qu'en les quittant il y a des filles qui ont pleuré!» Chaque année le SPF offre 700 000 journées de vacances aux plus démunis, des excursions, des séjours, des aides.

ou mieux connaître la langue de son pays, de sa région d'origine, sa culture.

Toutes ces activités nous permettent de rencontrer les autres et par la même occasion de mieux se connaître soi-même. Seulement voilà, ce droit à la culture est parsemé d'obstacles : prix décourageants, éloignement ou rareté des équipements... La formation pour bien profiter de ces activités ou tout simplement le goût d'y accéder ne sont que trop peu offerts par l'école.

La culture pourtant n'est pas un luxe. C'est un droit qu'il ne faut surtout pas négliger. Il donne envie d'en avoir d'autres!

Plein air et loisirs

Tous les enfants adorent étirer leurs muscles au maximum pour pousser plus loin un ballon de cuir ou de chiffon. Ils veulent sauter plus haut, courir plus vite pour le plaisir de jouer avec les autres, pour le bonheur de se dépasser.

L'activité physique s'apprend, se perfectionne. Il y a des gestes, des mouvements plus efficaces que d'autres. En équipe, il faut aussi savoir affiner une stratégie. L'éducation physique et sportive

En vacances, ce que j'ai préféré, c'est l'école de danse.
Marie, 12 ans.

F r a n c e

Sorties à la mer ou au Futuroscope organisées par le Secours Populaire Français

Gilles Coulon/Tendance Floue
Stéphan Zaubitzer/Tendance Floue

Des bibliothèques dans la rue

L'association ATD-Quart-monde (Aide à toute détresse) et ses amis bénévoles se déplacent chaque semaine dans une centaine de lieux de vie en France : cours d'immeuble, escaliers, terrains de caravanes, pour permettre à des enfants vivant dans la misère de rencontrer des livres, des histoires, de l'imagination et de la culture. Le bonheur de lire aide à redresser la tête et à espérer un autre avenir.

Népal

Les filles aussi rêvent d'aller à l'école UNICEF/Noorani

Ma sœur est handicapée mais parfois je la gronde, c'est normal.

David, 9 ans.

est donc indispensable. Hervé a 13 ans. Il me relate avec un maximum de détails ses plus beaux exploits au hand-ball pour conclure, content de sa formule : «Quand je marque un but, je suis plus heureux que d'avoir découvert un diamant!». Au-delà du sport, de ses règles, de ses compétitions, les enfants ont aussi le droit de jouer, de se détendre, de passer du temps ensemble pour simplement rire ou rêver. En ville ce n'est pourtant pas très facile, et souvent les enfants des grandes cités rêvent de pousser les immeubles pour agrandir les terrains de jeu. Les cours de récréation elles-mêmes sont mal conçues. 52 % d'entre elles datent d'avant 1945, et seulement 19 % des écoles possèdent une salle de jeux.

Ensemble

Le jeu réunit tous les enfants sans distinction Olivier Pasquiers/Le bar Floréal

Pour bien grandir, les vacances, il n'y a rien de mieux! Malheureusement, en France, plus d'un enfant sur trois ne part jamais en vacances et les familles qui partent doivent de plus en plus raccourcir leurs séjours, contrairement à l'évolution que l'on serait en droit d'espérer.

Les enfants handicapés parmi nous

De naissance, par accident ou du fait même de leur histoire, des millions d'enfants vivent des déficiences, des incapacités ou des différences. Parfois ils cumulent leur handicap avec des difficultés sociales qui alourdissent encore leur vie. Qu'ils soient malentendants, non-voyants, handicapés moteur ou mentaux, inadaptés au monde, ces enfants ne constituent ni un bloc homogène séparé des autres humains, ni des groupes ou des catégories à classer. Ce sont avant tout des individus à part entière. L'éducation doit donc prendre en compte chaque enfant tel qu'il est, en l'aidant à s'épanouir au maximum de ses possibilités. La fréquentation du milieu scolaire ordinaire par des enfants handicapés commence à se concrétiser. Elle pourrait conduire l'école tout entière à progresser : aménagements de locaux, construction sur un seul niveau, moyens et formations supplémentaires pour les enseignants. La démarche même de rechercher en chaque enfant ses points forts serait bénéfique pour tous les autres. C'est quand elle s'ouvre à tous que l'école est encore mieux l'école de la vie.

P a k i s t a n

Tarik, douze ans,
coud des ballons Nike
pour trois francs par jour

Marie Dorigny/REA

Stoppez L'EXPLOITATION

Ma grand-mère a commencé à travailler à 12 ans, dans la chimie. Et c'était en France.

Sophie-Line, 14 ans.

Le rendement immédiat, la productivité, les bénéfices passent avant toute autre considération. Partout où c'est possible, il se trouve donc des employeurs prêts à pousser leur désir de gain maximum jusqu'à embaucher et surexploiter les enfants parce que c'est plus facile, plus rentable.

En France, les grands bouleversements économiques et industriels du 19e siècle, ceux du charbon et de l'acier, ont vu les enfants travailler en nombre dans les conditions les plus dramatiques. Sous la pression des ouvriers qui commençaient à s'organiser en syndicats pour réagir ensemble aux pratiques inhumaines de leurs employeurs, les premières lois furent adoptées dès 1875, limitant les abus. Mais il fallut attendre mars 1892 pour que le travail soit interdit aux enfants de moins de 13 ans. De nos jours, en France, un enfant ne peut théoriquement travailler qu'à partir de 16 ans.

L'esclavage de ce siècle

Le Bureau International du Travail évalue actuellement à 250 millions le nombre d'enfants contraints de travailler de par le monde. Ces enfants s'abîment la vue à tisser des tapis d'Orient ou enrouler des cassettes à Hong-Kong pour un salaire de 4,60 F par jour. Ils sont enlevés à leurs parents au Pakistan pour distraire de riches émirs à Abu Dhabi où ils servent

Afghanistan
Fabrique de bidons à Kaboul UNICEF/Isaac

Libère tes fringues

L'association Artisans du monde a lancé une campagne invitant les consommateurs à interpeller les grandes marques de vêtements ou de chaussures qui font fabriquer leurs produits dans des ateliers employant des enfants. Il faut savoir qu'une chemise vendue en France 45 francs n'a coûté en frais de fabrication (hors prix du tissu) que 1,50 francs. Pour obtenir des prix aussi bas on n'hésite pas à faire travailler des milliers d'enfants. Tous ceux qui, dans les pays riches portent ces vêtements, doivent réagir.

J'ai vu à la télé, des enfants russes qui travaillaient dans la neige pour se payer de la soupe. C'est dégoûtant.
Vincent, 13 ans.

de jockeys kamikazes dans des courses de chameaux. À Naples, Londres ou New York, ils vendent des journaux, du cirage, des cigarettes à l'unité. Et quand la volonté d'accroître le rendement pousse à l'utilisation de substances chimiques dangereuses (décapants ou pesticides) comme dans les industries du cuir, l'orfèvrerie ou l'agriculture, les enfants sont bien sûr en première ligne, dès quatre ou cinq ans parfois.

De jeunes adolescentes sont expatriées depuis les Philippines ou l'Inde pour servir de bonnes, voire d'esclaves, à des familles fortunées. Durant le Mondial, nous découvrions le scandale des millions de ballons de football cousus à la main par des enfants pakistanais, eux qui n'auront jamais le droit de taper dedans pour s'amuser. Dans les sordides ateliers où ils travaillent, la Fédération Internationale des Travailleurs du textile a relevé l'existence de «chambres punitives où des enfants de 6 à 10 ans sont pendus par les pieds, affamés ou fouettés en cas de manquement de respect à leurs maîtres».

Partout, on paie les enfants au tiers ou au quart de la rémunération des adultes. On profite de leur jeune âge parce qu'ils sont plus faibles, moins armés pour refuser, ignorants des lois, de la vie syndicale, et très souvent isolés, séparés de leurs parents. En Asie, une terrible pratique se développe : on endette des familles pauvres des zones rurales et on exige qu'elles cèdent leur fils ou leur fille pour rembourser les sommes dues.

Bangladesh
À l'initiative de l'UNICEF, des écoles sont associées à des ateliers de travail
UNICEF/Noorani

Iqbal, enfant martyr

Il a commencé à tisser des tapis à 4 ans, au Pakistan. À 10 ans, il parvient à se réfugier auprès d'une association humanitaire. Il raconte tout, dit sa colère et parcourt le monde dès lors pour dénoncer l'esclavage imposé aux petits Pakistanais contraints de travailler. Grâce à lui 3 000 enfants ont été libérés de leur enfer mais le 16 avril 1995, Iqbal Masih est assassiné. Il avait reçu des lettres de menaces des patrons du tapis.

On peut ainsi acquérir un petit Népalais pour 150 dollars.
À partir du moment où l'on achète un être vivant, on peut tout exiger de lui.

Devant l'inadmissible : réagir

Le plus insupportable est sûrement le sort de ces milliers d'enfants que l'on contraint à se prostituer dès 10 ou 12 ans, ou même plus tôt. La prostitution consiste à louer son corps, ses caresses, subir des rapports sexuels avec des adultes, se prêter à toutes leurs volontés de domination physique contre une rémunération. Les rêves d'amour intense et magique qui nourrissent

On a tué un Iqbal mais d'autres relèvent la tête. Une Marche mondiale contre l'exploitation des enfants a permi en 1998 à des milliers d'enfants concernés de continuer le combat des enfants travailleurs.

Brésil
Jeune prostituée dans la rue UNICEF/Magnoni

toutes les enfances et les adolescences du monde se trouvent là, d'un seul coup, déchirés et détruits. À vie. Un effroyable commerce s'est depuis quelques années développé, celui du tourisme sexuel qui déverse dans les pays pauvres comme la Thaïlande mais aussi en Pologne ou en Hongrie, des milliers de touristes des pays riches qui abusent de ces jeunes enfants. On estime qu'en Asie, chaque semaine près de 2 millions d'enfants sont victimes de ce trafic. En 1996, la conférence de Stockholm réunissant 126 pays s'est engagée à agir contre la prostitution qui touche 1 million de nouveaux enfants chaque année.

Smokey mountain

L'association Frères des Hommes relève qu'aux Philippines, une gigantesque montagne d'ordures, suintant d'effluves inflammables, «nourrit» près de 21 000 personnes, dont 60% de moins de 15 ans, qui y cherchent tout au long de la journée de la ferraille ou du caoutchouc à récupérer pour la vente.

L'exploitation des enfants atteint non seulement leur santé morale ou physique (maladies sexuellement transmissibles, dermatoses, tuberculose, maux de dos, blessures) mais en plus elle les prive d'école et de toute véritable formation. Au travail, les tâches qu'on leur réserve sont toujours répétitives, jamais enrichissantes.

Méfions-nous des théories affirmant qu'aller travailler est un besoin économique pour les enfants des pays en développement. Les besoins réels de ces jeunes sont les mêmes que ceux de tous les autres enfants : santé, école, loisirs, liberté et affection! Bien sûr, un petit surplus de monnaie s'avère d'autant plus important pour une famille qu'elle est pauvre. Mais faire travailler les enfants dispense en fait de nombreux États de dépenses en matière d'éducation, et pour les plus riches, en matière d'aide internationale. Cela soulage enfin les familles modestes du poids de la misère et évite donc une remise en cause profonde du système économique qui l'engendre.

L'amour ça ne doit jamais rien avoir à faire avec l'argent.

Claire, 13 ans.

La bataille est rude et l'on peut se demander si nos pays industrialisés n'encouragent pas d'une certaine manière ces pratiques quand ils font travailler des jeunes sous forme de stages non rémunérés ou selon des formules abaissant leur rémunération. Et pourquoi l'Europe ferme-t-elle les yeux sur les 2 millions d'enfants européens au travail?

Dans les décharges d'ordures

Des enfants essaient de tirer partie des déchets UNICEF/Charton

L'Europe en chiffres

9% des Italiens âgés de moins de 15 ans, soit 1 million d'enfants, occupent actuellement un emploi salarié. En Allemagne, outre 100 000 enfants d'immigrés, de plus en plus d'enfants travaillent, alors que le chômage se développe dans la population active. Mais bien sûr on préfère employer un très jeune salarié que l'on paie moins cher. C'est le cas au Portugal, dans l'industrie de la chaussure. En France, selon le Ministère du Travail, plusieurs dizaines de milliers d'enfants ont un emploi salarié bien que cela soit totalement illégal. D'autre part 55% des élèves de centres d'apprentissage travaillent plus de 39 heures par semaine pendant leurs stages en entreprise.

Népal

Travail sur les chantiers (à gauche et ci-dessus)

UNICEF/Noorani

Miller

ALLEZ, on fait la paix !

Parfois j'oublie que ce n'est pas un film, mais les images des infos, tellement que c'est incroyable.
Nathalie, 14 ans.

Libéria

Adolescent en arme

UNICEF/Pirozzi

«Nous avons arrêté de jouer. Nous nous sommes réfugiés dans les sous-sols. La guerre débutait. En un instant les bombardements, les cadavres, les réfugiés étaient une réalité. C'est devenu ma vie...» Dunja a 13 ans. Elle est Bosniaque. Comme elle, ils sont des millions d'enfants à ignorer le bonheur simple de la paix.

Les enfants de la guerre

Depuis 1945, l'humanité n'a pas connu de troisième Guerre mondiale et l'idée de paix lentement fait son chemin. Cependant de nombreux conflits locaux alimentent des guerres meurtrières de par le monde (en 1999, on en dénombrait 85). Les populations civiles sont de moins en moins épargnées. L'Unicef estime qu'en dix ans, la guerre a tué 2 millions d'enfants. Elle a fait 5 millions d'infirmes, 1 million d'orphelins, 10 millions de traumatisés psychologiquement. Et le nombre des victimes enfantines augmente notamment à cause de la généralisation de l'utilisation des bombardements de plus en plus meurtriers.

Les enfants souffrent de la guerre pour d'innombrables raisons. Écrasés par l'effondrement d'une maison, manquant d'eau parce que les canalisations ont été détruites, privés de nourriture parce que production et distribution sont interrompues, déplacés ou contraints à la fuite comme 20 000

Afghanistan

Un enfant et son père victimes des mines antipersonnel UNICEF/Isaac

Déminage

Neutraliser une mine coûte 300 fois plus que la fabriquer, dans certains cas 1 000 fois. Déminer est dangereux et laborieux. En une année la communauté mondiale finance le déminage d'à peine 10 000 engins alors que dans le même temps 2 millions de nouvelles mines sont posées! Si rien de significatif n'est fait, elles tueront encore 50 000 personnes d'ici à 2001.

jeunes Soudanais pour éviter la capture ou la mort, rien ne les épargne. Parfois même les enfants doivent revêtir l'uniforme d'enfants-soldats et devenir ainsi acteurs de leurs propres souffrances. Du Guatemala à l'Afghanistan, de la Sierra Leone au Rwanda, des centaines de milliers d'enfants sont incités ou forcés à devenir combattants. Plus faciles à intimider et à contrôler les enfants n'exigent même pas de solde. On va jusqu'à utiliser de la drogue pour les soumettre à la dureté de la guerre.

Les douleurs de l'après-guerre

On n'efface pas une guerre comme on efface une trace sur un chemin. La souffrance se poursuit longtemps parfois sous forme de dégâts matériels très longs à réparer, de blessures à vie, de douleurs intimes. Les images d'horreur, les cauchemars ne quittent pas facilement les enfants et s'ils parvenaient peu à peu à oublier la guerre, la présence de mines terrestres, pendant des décennies, la leur rappellerait tragiquement.
110 millions de ces engins de morts enterrés lors des conflits risquent encore d'exploser sous les pieds d'un enfant, dans 64 pays. Les mines tuent

Kosovo

43 % des écoles détruites, 120 000 réfugiés. UNICEF/Lemoyne, Goran Tomasevic/Reuters

800 individus par mois surtout au Cambodge et en Angola. Les adultes y laissent souvent leurs jambes, les enfants, plus vulnérables, leur vie. L'interdiction définitive de la fabrication, du stockage et de l'utilisation des mines antipersonnel doit être prononcée. A Ottawa, fin 97, 121 pays dont la France, ce sont engagés à ne plus utiliser, stocker, exporter de mines.67 pays seulement ont ratifié ce texte. D'autres, parmi lesquels la Russie ou les États-Unis, continuent de faire des affaires en semant la mort. L'après-guerre pour bon nombre d'enfants ce sont toujours et encore des restrictions comme en Irak,

J'espère vraiment ne jamais connaître la guerre. Mon grand-père m'a tout raconté.
Chris, 10 ans.

Zaïre

Les familles de réfugiés rwandais tentent de se réunir UNICEF/Graham

Enfants réfugiés

Les conflits armés bouleversent tous les jours la vie de plus de 5 000 enfants qui sont chassés de leur lieu de vie, de leur pays pour la moitié d'entre eux, et fuient à la recherche de protection et de sécurité. On les nomme des réfugiés. Ils sont 23 millions à travers le monde, en Iran, au Zaïre, au Kosovo... Ils vivent souvent dans des camps précaires, soumis aux risques de la maladie et de la faim. Le Haut Commissariat aux Réfugiés (HCR), lié à l'ONU, a pour mission d'aider ces familles, éviter leur éparpillement et faire respecter leurs droits.

soumis à l'embargo international (arrêt des échanges commerciaux) après la guerre du Golfe
de 1991. La mortalité infantile a doublé à Bagdad, la capitale, et sextuplé en zone rurale. La moitié des petits Irakiens ne peut plus aller à l'école et dans ce pays qui possède la deuxième réserve mondiale de pétrole, 60% des enfants souffrent de malnutrition.

Sur le chemin de la paix

Préparer et faire la guerre ruine la planète. Les pays du tiers monde consacrent actuellement trois fois plus d'argent à l'armement qu'à la santé. Et dans les pays riches, même si une nette réduction des dépenses militaires a été entreprise, la facture est très lourde... Quand on apprend qu'il existe dans le monde un arsenal capable de faire disparaître, à jamais, toute vie de quatre ou cinq planètes Terre, on ne comprend plus rien à la démesure de ces gâchis.

Depuis la dernière guerre mondiale, des millions d'hommes, de femmes et d'enfants s'engagent afin que les nations préparent la paix plutôt que la guerre. De déclarations en tableaux de peinture, de pétitions en manifestations, les pacifistes marquent des points. En 1996, la pression des opinions publiques a conduit les principales puissances nucléaires à stopper définitivement leurs essais nucléaires.
Mais les hommes ont besoin d'engagements encore plus nets pour voir s'éloigner les dangers de l'apocalypse nucléaire et du surarmement.

Espoir et souffrance

Manifestation pour la paix Lejarre/Le bar Floréal
Cimetière à Sarajevo UNICEF/Lemoyne

Le prix des armes

Quand les humains dépensent un franc pour se nourrir, ils en dépensent quarante-cinq pour la guerre, soit environ 850 milliards de francs chaque année dans le monde. Un seul sous-marin du type Trident coûte, par exemple, autant que la scolarisation de seize millions d'enfants! Est-il compréhensible que tout en signant l'arrêt des essais nucléaires, la France programme 106 milliards de dépenses pour la mise au point de nouvelles armes nucléaires d'ici en 2002?

Le combat pour la paix a encore besoin de «mégatonnes» d'énergies.
En ce sens, le droit des enfants à une éducation à la paix et à l'amitié entre tous les peuples, revendiqué notamment par l'ONU et l'Unesco devrait trouver des prolongements dans notre vie quotidienne : correspondance scolaire, échanges, jumelages, voyages, actions de solidarité...

Afrique du Sud

Nelson Mandela, premier Président noir du pays, avec deux jeunes indiens Stoddart/REA

Ma race ?

HUMAINE !

Du 16e siècle à la fin du 19e, la traite des Noirs a permis aux négriers européens d'acheter des millions d'Africains, hommes, femmes et enfants contre des verreries, des tissus ou de la poudre, et de les revendre comme esclaves en Amérique. La supériorité de la race blanche était alors décrétée. On invoqua Dieu pour confirmer. Durant cette sombre période, un enfant du Sénégal valait deux perroquets, on entassait vingt fois plus d'hommes dans un bateau d'esclaves que dans un bateau ordinaire, on vérifiait la dentition d'un enfant pour calculer son prix, on torturait, mutilait, tuait, tout esclave osant relever la tête.

Un jour j'ai découvert que même un enfant d'origine étrangère pouvait être raciste. C'est bizarre.

Nicolas, 10 ans.

L'exploitation du racisme

L'Histoire du commerce nantais d'Aujard (1850) a au moins le mérite de la franchise. On peut y lire : «Retracer l'histoire de la traite des nègres, c'est retracer l'histoire d'une des pages les plus brillantes de notre histoire commerciale.» En effet, on estime qu'une somme investie dans le marché des esclaves se gonflait de 70% de bénéfices en une seule année! La volonté de domination est à la base du racisme.
Quand un système politique ou économique est en crise grave, il est plus facile de désigner un bouc émissaire déjà coupable d'être différent. Le génocide juif perpétré par Hitler au cours de la Seconde Guerre mondiale s'inscrivait dans cette perspective.

Cour d'école

Ensemble sans distinction aucune Stéphan Zaubitzer/Tendance Floue

La récolte du dictionnaire

Hasard, épinard, tarif, pastèque, oasis, bougie, valise, chiffre, nénuphar, orange, banane, turban, pyjama, typhon...
Tous ces mots proviennent d'une langue étrangère. Les dix premiers sont d'origine arabe et les suivants : africaine, turque, indienne et chinoise!

Ma grand-mère est arménienne, ma mère est italienne mais ça ne dérange personne.
Claire, 12 ans.

Du même coup des théories de circonstance surgirent : les nazis proclamèrent le type aryen (grand, blond aux yeux bleus) maître de l'humanité. S'appuyant sur un antisémitisme latent, ils décidèrent l'extermination des juifs dans des chambres à gaz et des fours crématoires. Les Tsiganes connurent le même sort. Ceux qui, au-delà de ces populations, résistèrent à cet affront lancé à l'humanité subirent eux aussi la déportation, la mort.

La profonde crise économique que vit notre pays est bien sûr un terrain de choix pour que se développent les actes et les propos racistes. Mais la haine, la division, si elles arrangent certains, ne résolvent rien. Notre pays est comme cela! Celtes, Gaulois, Vikings, Germains, Maures, Espagnols, Arméniens, Juifs, Basques, Corses, Italiens, Arabes, Turcs, Kurdes, Asiatiques, Africains et quelques millions d'autres voyageurs ont fondé la France. Ils lui ont donné sa couleur bigarrée et sa place originale dans le monde. Ils sont maintenant ses enfants. On comprend que dans leur immense majorité, les jeunes issus de toutes ces origines ne tolèrent pas que l'on touche à leurs copains sous prétexte de différence et qu'ils soient déterminés à vouloir vivre ensemble.

On peut faire reculer le racisme

Jusqu'en 1994 en Afrique du Sud, 5 millions de blancs gouvernaient sans partage contre 29 millions de Noirs, Métis et Indiens. Ils avaient inventé un système ignoble destiné à préserver leurs immenses privilèges :

France

Un pays multicolore André Lejarre/Le bar Floréal

L'abolition de l'esclavage

En 1789, l'île de Saint-Domingue ne compte pas moins de 450 000 esclaves noirs. C'est l'insurrection des esclaves de cette colonie française qui impose la première abolition en février 1794. Toussaint Louverture, esclave noir, acteur de ces révoltes, demeure le symbole de la lutte pour le respect des hommes de couleur. Rétabli par Napoléon, l'esclavage ne fut définitivement rejeté de la loi française qu'en 1848 par Victor Schoelcher.

l'apartheid (qui signifie «mise à part»). D'un côté, les Blancs qui avaient tous les pouvoirs, de l'autre, les Noirs privés de tout. Les adolescents d'aujourd'hui ont grandi sous cette loi. Pour un enfant blanc, l'école était gratuite et obligatoire. Pour pouvoir aller à l'école (l'école des Noirs), un élève noir devait payer ses livres, ses fournitures, voire la construction du bâtiment, le salaire des professeurs, ou les frais d'entretien! Jamais un hôpital pour Blancs n'acceptait un malade noir même si celui-ci devait en mourir. La lutte contre l'apartheid a été très dure. On tirait sur les manifestants, on les emprisonnait. Le leader noir Nelson Mandela est resté 27 années de sa vie en prison. Mais les antiracistes ont gagné. Nelson Mandela est aujourd'hui le président-symbole d'une Afrique du Sud qui tente de se reconstruire dans la fraternité.

Cette victoire encourage tous les antiracistes de la planète mais, au même moment, d'autres faits les inquiètent. La rudesse des conditions de vie mène souvent des groupes ethniques à désigner son voisin comme ennemi. Des régions du monde se déchirent, des familles s'entretuent tombant dans le piège du non-respect des différences.

Il n'est donc pas superflu que la Convention relative aux droits de l'enfant rappelle haut et fort qu'elle s'applique à tous, sans distinction aucune.

Égaux mais différents

Lola se méfie et elle m'explique: «Faut pas qu'on soit tous pareils quand même!» Prenons garde en effet que l'égalité justement revendiquée ne serve à justifier une égalisation de nos vies. Quelle tristesse! La même coupe de cheveux passant par-dessus ou par-dessous des oreilles écoutant les mêmes musiques! Chaque individu est unique et donc précieux pour tous les autres. Principalement par ce qui le différencie des autres. À l'extérieur certes mais surtout dans sa tête, son cœur. C'est cette idée forte qui unit aujourd'hui tous ceux qui rejettent les réflexes d'intolérance, les idées racistes dans notre pays.

Les scientifiques ne sont jamais parvenus à justifier un découpage en races de l'humanité et cinq siècles avant Jésus-Christ, le philosophe chinois Confucius expliquait déjà : «La nature des hommes est identique. Ce sont leurs coutumes qui les séparent». Effectivement, si tous les humains descendent des mêmes homo sapiens, notre histoire, notre milieu nous ont permis de construire, génération après génération, des cultures, des aventures, des savoir-faire sensiblement différents. La géographie, la proximité des mers, l'ensoleillement, le climat, l'alimentation, les événements ont façonné des histoires d'hommes différentes. Voilà donc le seul fondement à nos différences.

Loin de justifier une quelconque inégalité ou une méfiance, cette grande diversité culturelle appelle à la multiplication des contacts, des échanges.

En France,
tenir des propos racistes
est interdit par la loi
mais j'en entends
tous les jours.

Philippe, 11 ans.

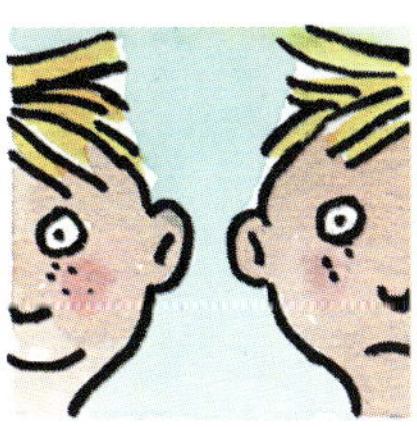

Moi, je ne suis pas raciste,
j'aime toutes les musiques.

Jimmy, 9 ans.

Banlieues

Trouver sa place entre pelouse et logements Noak/Le bar Floréal

Mal à ma ville

Pourquoi le droit à respirer de l'air pur,
il n'est pas écrit dans la Convention?
Frédéric, 13 ans.

Partout dans le monde, l'attraction des grandes métropoles vide les campagnes de leur population.
75% des enfants de notre pays vivent en zone urbaine.
Des mégalopolis de plusieurs dizaines de millions de personnes se forment actuellement à Mexico (Mexique), Rio (Brésil) ou Delhi (Inde). Les enfants sont donc de plus en plus appelés à vivre en ville. Mais encore faudrait-il qu'ils puissent vivre la ville heureusement!
Rien n'est conçu à la dimension des enfants : pour les plus jeunes, le mobilier urbain ou domestique est trop grand, trop haut ; à 12 ans par contre, les enfants trouvent la ville trop petite, trop étroite, pour accueillir leur envie de bouger et d'agir. Il faut concevoir des villes à la mesure de l'enfance. Chacun, jeune ou vieux, n'y vivra que mieux.

La ville de tous les dangers

Sur 380 000 accidents de la circulation survenus en 1998, 185 000 ont eu lieu en ville. Les enfants paient très cher les fautes, les excès de vitesse ou de consommation d'alcool des adultes. Chaque année quelque 600 enfants de moins de 14 ans sont tués sur les itinéraires domicile-école-lieu de loisirs ; 27 000 sont blessés. Même si des efforts certains ont déjà été réalisés, il faut prendre des mesures tous azimuts pour éviter qu'autant d'enfants n'abîment leur vie sur le bitume.
Écoutons trois collégiens parisiens réfléchir et élaborer peu à

peu leur «proposition de loi» comme dit Simon. «La ceinture de sécurité à l'arrière, des parcours piétonniers spécialement balisés et protégés, une information aussi.» Alexandra précise à ce sujet : «Il ne faut pas oublier que nous sommes des passagers, des piétons, des conducteurs de bicyclettes, et de futurs conducteurs de voiture ou de moto. Ça fait quatre raisons d'être bien préparés!». «Et puis moi, avec mon skate-board, ça fait cinq!» Nicolas n'a pas tort. Les enfants ne doivent pas apprendre à pratiquer la ville comme des adultes mais bien en restant eux-mêmes. Courir, jouer, faire du vélo ou du roller, c'est la nature même de l'enfance. À la ville de s'adapter! Ce qui n'exclut pas la prudence...

Enfants consommateurs

Les jeunes Français avalent chaque année 45 000 tonnes de chocolat, 300 000 tonnes de biscuits sucrés. Quand on ajoute à cela que les enfants influencent 43% des achats de leurs parents on comprend pourquoi, sur les 7 000 films publicitaires qu'un enfant voit en moyenne chaque année, 5 000 lui sont directement destinés.

La cité

Les enfants rêvent d'espace Stéphan Zaubitzer/Tendance Floue

L'enfant-cible

Pas besoin d'attendre la majorité pour devenir consommateur. Les enfants vident les étagères de couches, de confiseries, de poupées, de robots transformables, de vêtements à la mode ou de disques. Avant même de

savoir gambader dans les allées du supermarché, un bébé d'un an a déjà coûté quelque 14 000 francs à ses parents! Pour vous ouvrir l'appétit, sachez donc qu'un bébé américain n'avale pas moins de 85 kilogrammes de purée servie en petits pots! On imagine facilement que les hommes d'affaires préfèrent compter les enfants en milliards de francs et on comprend mieux pourquoi les publicitaires redoublent d'efforts envers les jeunes téléspectateurs.

Par des images rassurantes, magiques ou drôles on tente d'obliger les enfants à associer une idée positive à un produit, et donc à l'acheter. Ainsi, si le fait de mâcher du chewing-gum s'apparente trop au désœuvrement, les publicistes s'arrangent pour accoler une musique dynamique, des images sportives énergiques à ce produit. Et le goût de la chlorophylle vous vient déjà aux papilles!

De toute manière, mon argent de poche, moi je le garde.
Vincent, 8 ans.

Une bonne formation aux droits des enfants supposerait qu'on leur apprenne à devenir des consommateurs exigeants et avertis. Dès qu'il sait lire, l'enfant

Respirer

De temps en temps, changer de décor Stephan Zaubitzer/ Tendance Floue

De l'air!

Les enfants ont le droit de jouir d'un environnement sain. Urbanistes et industriels pollueurs devraient être tenus de s'y conformer. La nature et les hommes ont déjà payé très cher les catastrophes écologiques : Seveso en 1976 (un nuage de dioxine en Italie), Bhopal en 1984 (fuite dans une usine chimique indienne : 2 500 morts), Tchernobyl en 1986 (accident nucléaire civil en URSS) ou pollution de la Loire en 1988. La qualité de l'environnement c'est aussi une multitude d'agressions quotidiennes qu'il nous faut combattre. Savez-vous, par exemple, où les enfants subissent un niveau de bruit de 85 à 100 décibels, soit l'équivalent d'une imprimerie en activité? Dans leur cantine scolaire! Une heure de repos est au minimum nécessaire pour récupérer.

devrait apprendre à lire entre les lignes rusées des étiquettes. Une boisson aux oranges n'est pas du jus d'orange! Et la réalisation photographiée sur l'emballage d'un jeu de construction nécessite souvent l'achat de plusieurs boîtes complémentaires! Ces tentatives d'induire en erreur les jeunes consommateurs devraient surtout être sévèrement réprimées par la loi, d'autant plus que cet appétit outrancier des industriels pour la tirelire des enfants peut mener au pire.

La sécurité n'a pas de prix

En France, les accidents domestiques constituent la première cause de mortalité infantile. Plus meurtriers que l'ensemble des infections et que les accidents de la route, ces accidents attribuent à la France le triste titre de pays le plus dangereux d'Europe pour les enfants. Pourtant Maryline nous raconte : «À l'école, on a appris à différencier plusieurs bouteilles de produit à vaisselle et de boissons qui comportaient toutes un dessin de citron sur l'étiquette. Maintenant, on a davantage confiance en nous.» Ne serait-il pas encore plus efficace de contrôler sévèrement les produits industriels avant même qu'ils ne soient commercialisés? Pourquoi autorise-t-on l'importation de bicyclettes aux freins défaillants ou de hochets étouffants?
Plus généralement, c'est l'ensemble des objets susceptibles d'entrer en contact avec des enfants qui devraient être parfaitement sûrs. Maryline poursuit : «C'est révoltant de penser que c'est à cause de l'argent que l'on nous fait prendre des risques. D'accord un berlingot, c'est peut-être moins cher à fabriquer qu'un flacon solide, mais pour y mettre de l'eau de Javel c'est quand même bien plus dangereux!»

Traumatismes, intoxications, brûlures, asphyxies qui représentent dans l'ordre le dramatique hit parade de l'insécurité ne sont pas une fatalité. Des pays comme la Suède, qui ont su combattre ces fléaux, sont parvenus à des résultats exemplaires. Qu'attend-on? D'autres accidents?

E s p a c e

Page de gauche :

Se dépenser
Stéphan Zaubitzer/Tendance Floue

Page de droite :

Démolition d'immeuble aux Mureaux (78-France)
Bernard Baudin/Le bar Floréal

Bagnolet (93-France)
Noak/Le bar Floréal

Les villes, ça ne devrait pas faire peur.
Karine, 11 ans.

Belgique

Manifestation dans les rues de Bruxelles, à la mémoire d'enfants martyrisés Van Cappellen/REA

L'enfant AUX MAINS NUES

*Souvent mon père
boit un peu trop d'alcool,
j'essaie de le convaincre d'arrêter
parce que ça fait des problèmes en plus.*
Stéphanie, 10 ans.

La longue histoire de confiance entre les adultes et les enfants c'est la chaîne qui de génération en génération continue le monde. Quand entre un enfant et un adulte, ça craque, tout s'effondre pour eux deux. Pour l'adulte qui brise ces liens privilégiés en privant de tendresse, de soins ou de protection un enfant, en le maltraitant, en abusant de sa jeunesse, c'est l'échec d'une vie. Pour un enfant, une trahison violente de son père, sa mère, son tuteur, son aîné, ou d'un adulte proche c'est la perte de son principal repère dans l'immensité du monde. C'est la nuit noire.

Les enfants maltraités

Bien que les informations précises sur le sujet soient rares, l'Unicef estime que près de 10% des enfants du monde sont victimes de mauvais traitements qui compromettent leur vie ou leur développement. Les coups administrés aux enfants par des adultes, dans des familles ou des institutions (orphelinats, maisons de correction, écoles...) sont les plus fréquents, mais il faut aussi parler des privations de soins sur le plan affectif : humiliations, abus d'autorité, vexations ou brimades. Un mur de silence entoure le plus souvent ces pratiques. Les enfants, enfermés dans une dépendance totale, ignorant tout de leurs droits et craignant les conséquences de leur témoignage, se taisent. Les voisins ferment les yeux par peur, par lâcheté

De plus en plus d'enfants maltraités

En France, 83 000 enfants maltraités ont été recensés en 1998, 100 d'entre eux sont morts. Ces chiffres sont en augmentation, tout particulièrement pour les mauvais traitements vécus au sein de la famille. 80 000 enfants et leur famille bénéficient d'un suivi éducatif pour éviter ces drames.

Internet

Sur le Web, tout message peut circuler. Certains abusent de cette liberté offerte à tous. Plusieurs dizaines d'agressions pédophiles ont eu lieu par ce biais.

Parler

Ne pas garder pour soi, ce qui nous inquiète

Olivier Cullman/Tendance Floue

ou parce qu'ils pensent que les autorités jugeront, sanctionneront, condamneront d'elles-mêmes. L'État quant à lui, intervient bien souvent trop tard.

Je sais que mon copain est malheureux chez lui mais il ne me raconte rien. Il a tort.

Vladimir, 11 ans.

Pourtant, prévenir ces gâchis d'enfance, ces crimes et ces blessures, n'est pas impossible. D'abord, en s'attaquant aux raisons profondes du malheur des familles, on supprimerait bien des tensions. La pauvreté, le chômage, la désespérance font payer aux enfants le lot de rancœurs et d'angoisses imposées aux adultes. En ville, le mal de vivre des gens coupés de leurs liens familiaux est aussi l'une des causes de déséquilibre.L'étude des statistiques nous fait entrevoir quelques actions possibles : 80% des parents martyrisant leurs enfants ont eux aussi subi des mauvais traitements durant les premières années de leur vie. Un suivi particulier des victimes permettrait donc d'éviter que le phénomène se

Simple comme un coup de fil

Il existe un numéro de téléphone qu'enfants et parents peuvent appeler s'ils ont une question, une inquiétude ou si la violence détériore leur vie quotidienne. Des spécialistes sont à l'écoute 24 heures sur 24 pour conseiller, expliquer, aider. 250 000 appels ont été enregistrés en 1998. Il faut composer le ***119****. Il existe aussi un numéro SOS Violence Scolaire pour parler de racket ou de bizutage. C''est le* ***0801 55 55 00****. Ces appels sont gratuits.*

perpétue. Et pourquoi, enfin, les jeunes ne bénéficieraient-ils pas à l'école d'une formation sur leur future activité de parents, sur les responsabilités des adultes à l'égard des enfants ?

Mon corps est mon corps

Les mauvais traitements à caractère sexuel peuvent venir de parents ou d'adultes proches. Ils sont en très forte augmentation actuellement (+70% en quatre ans) parce que beaucoup de familles vivent de plus en plus mal. Les conséquences de ces violences ou intimités non voulues sont terribles pour les enfants qui découvrent leur corps, leur cœur dans l'horreur et la confusion. Les enfants doivent apprendre à dire non, à crier non chaque fois qu'ils sentent que l'on veut utiliser leur corps, leur jeune âge et notamment au sein de la famille. Si des comportements que des proches veulent leur faire considérer comme naturels les dérangent, les angoissent, ils doivent en parler autour d'eux. On ne peut juger tout seul de la gravité de pratiques inconnues ; il faut en discuter sans gêne.
À ces abus s'ajoutent toutes les agressions pratiquées par des inconnus. Elles font souvent la une de l'actualité tant elles provoquent un phénomène de rejet. Léa s'étonne : «À la suite des événements de l'été dernier, mes parents m'ont interdit d'aller voir ma copine après l'école. Ils ont peur des violeurs. Bien sûr, moi aussi ça m'inquiète. Mais c'est pas juste qu'on me punisse comme si c'était une bêtise d'être une fille de 12 ans!» Si la plus grande prudence est nécessaire, ne la transformons pas cependant en repli sur soi. Dans un quartier, quand tout le monde se connaît, se parle, les agressions sont plus difficiles. Vivre activement avec les autres nous protège et nous rend plus forts.

La violence, c'est bon que dans les films. En vrai, c'est nul.

Tarek, 10 ans.

IL EST DES PAYS OÙ LES ENFANTS ONT LES MÊMES DROITS QUE LEURS PARENTS...!

C'est pas juste !

Quand les parents qui divorcent ne nous écoutent pas parce qu'ils sont énervés, c'est bien d'avoir quelqu'un d'autre qui le fait.
Christelle, 12 ans.

Si les obligations de la société à l'égard de chacun d'entre nous sont bien peu affirmées, les devoirs des individus, et donc des enfants, sont minutieusement réglementés et consignés. S'appuyant sur des lois, le Code pénal et une lourde machine institutionnelle, des professionnels du Droit ont pour mission de régler les conflits, de juger et de sanctionner. Comme pour rendre cette institution incontestable on l'a même baptisée la Justice. Pourtant on entend souvent dire à propos d'un jugement, d'une condamnation «Ce n'est pas juste!». C'est vrai que malgré tous les efforts de magistrats qui veulent vivre leur fonction en rapport avec les aspirations humanitaires, la Justice a du mal à apporter des réponses justes tout particulièrement aux enfants coupables d'écarts avec la loi. Cela évolue pourtant grâce à l'adoption de la Convention internationale relative aux droits de l'enfant.

Face à la Justice

Des dizaines de milliers d'enfants ont chaque année affaire aux hommes de loi. 140 000 d'entre eux voient par exemple leur vie modifiée par un juge du divorce. Si l'on ne peut exiger d'un enfant qu'il choisisse entre son père et sa mère, on peut tout au moins entendre son point de vue. Depuis 1993, les jeunes Français ont ce droit. Ce n'est pas négligeable.

D i v o r c e

Lieu d'accueil pour l'exercice du droit de visite

Jean-Pierre Vallorani/Le bar Floréal
Fondation de France

Sécurité

Police, justice et jeunes citoyens doivent cohabiter Stéphan Zaubitzer/Tendance Floue

Connaître son bon droit

Dans plusieurs pays, on a la volonté d'aider les enfants à faire usage de leurs bons droits. En Suède, un ombudsman (délégué) est, dans chaque ville, à la disposition des enfants. Aux Pays-Bas ou en Belgique, des kiosques de rencontres avec des juristes spécialisés et des psychologues, des numéros de téléphone d'urgence ont été récemment mis en place.

Dans le cas de délits commis par des mineurs, la loi recommande aux magistrats de rechercher des solutions éducatives. Pourtant environ 6 000 jeunes de moins de 18 ans sont mis en prison chaque année en France. Même si des quartiers spéciaux des maisons pénitentiaires sont destinés à recevoir les mineurs, l'effet d'entraînement est nettement relevé par les spécialistes. Les enfants prisonniers ont encore moins de visites que les adultes, ils tentent davantage de se suicider, ils sont plus perméables aux manipulations. La drogue s'apprend parfois en prison où tout est bon pour oublier les murailles. De petites combines sans issue viennent souvent combler l'absence de véritables projets de vie. C'est l'engrenage. En réalité, la prison désapprend la liberté.

Dans les prisons du monde

Dans le monde, des centaines de milliers d'enfants sont en prison. Souvent dans les pires conditions, parfois avec des adultes qui les maltraitent ou les influencent. Des enfants pauvres qui commettent de petits vols, vagabondent ou resquillent sont même jetés en prison sans jugement. Le tiers seulement y purge une peine et moins de 10% des enfants prisonniers sont incarcérés pour crime grave. La plupart attendent un jugement. Ils sont là, 23 heures sur 24 enfermés dans une cellule (lorsqu'on leur accorde une heure de promenade), simplement parce que d'autres structures d'accueil n'existent pas.

Le tribunal, les avocats, les lois... mes parents et moi, on n'y comprend rien!

Boris, 12 ans.

En Russie

Autour de Moscou, 61 colonies pénitentiaires accueillent les adolescents, dès 14 ans, dans des conditions très rudes. Ils n'ont parfois qu'un lit pour trois et doivent se relayer pour dormir. Ils peuvent attendre leur jugement pendant deux ans. Depuis que les directeurs d'écoles peuvent renvoyer définitivement des élèves difficiles, ils sont des milliers à être jetés à la rue où ils sont exposés à des risques majeurs.

Dans les pays où la peine capitale sévit encore, des enfants peuvent être condamnés à mort. C'est le cas des États-Unis, par exemple, où Charles Rumbaugh, citoyen mineur du Texas, a été exécuté en septembre 1985. Actuellement, une trentaine d'adolescents attendent dans le couloir de la mort des prisons américaines.

Il est temps que le respect de l'enfant conduise la société à aider les plus désorientés et les plus fragiles plutôt que de les sanctionner et ajouter ainsi à leurs difficultés.

Prisons

Au Pérou (première photo), **des enfants de prisonnières** UNICEF/Antmann
Afrique du Sud (deuxième photo), **arrestation dans la rue** UNICEF/Gool

MOI, J'AI PEUR DE MOURIR...!
MOI, J'AI SURTOUT PEUR DE ME FAIRE DISPUTER
ET POURQUOI JE NE SUIS PAS UNE FILLE?
JE CROIS QUE JE SUIS UN ENFANT TROUVÉ!
LA FAIM DU 20e SIÈCLE, JE LA CONNAIS DEJÀ!
PLUS TARD, JE SERAI UNE VICTOR HUGO ELECTRONIQUE!
ET POURQUOI QUAND ON MARCHE, ON AVANCE?
QUI NE M'A PAS APPRIS À RIRE?
IL FAUT QUE RIEN NE SE CACHE IL FAUT QUE TOUT SE SACHE...!

Je pense DONC Je m'exprime

On devrait faire une association sur les droits des enfants dans chaque école.
Corentin, 10 ans.

L'alimentation, la santé, l'éducation, le travail sont des droits vitaux sans lesquels aucune liberté n'est possible. Inversement, ces droits élémentaires ne sont que des voies sans issues si le grand rêve de liberté des hommes ne peut s'exprimer, se réaliser. Si nous achevons notre voyage aux pays des droits de l'enfant par ce dossier, c'est que du droit à l'expression, à la parole, à la démocratie dépendent les progrès de tous les autres droits. C'est un droit porteur de nouvelles aspirations, un droit faiseur de nouveaux droits!

Les enfants victimes de la torture

Alberto Alarcon a 8 ans. Il vit avec son père à Tungurahua en Équateur. Un matin de mai 1987, des soldats font irruption. Il est battu. Sa tête est maintenue sous l'eau jusqu'à ce qu'il soit presque noyé. Les soldats veulent le faire parler au sujet d'un fusil disparu chez un voisin. Selon les documents d'Amnesty International qui milite contre ces agissements, en Équateur mais aussi en Turquie, en Irlande du Nord, en Égypte, on pratique la torture, le viol, la violence pour obtenir des informations auprès de mineurs.

Connaître la vérité

La liberté d'être honnêtement informé est essentielle. D'elle dépend d'abord notre réelle liberté de penser, réfléchir, juger, s'exprimer et agir. À partir du moment où l'on considère que les enfants doivent dire la vérité, il faut bien leur rendre la pareille! C'est la loi du respect et de la confiance partagés. Dans un élan de surprotection, certains adultes oublient ou masquent facilement la réalité lorsqu'elle est cruelle, dérangeante ou simplement complexe à expliciter. La mort, la sexualité, les problèmes d'argent, la santé... tout parle de la vie. Dans une famille, quand on explique, quand on s'explique, on s'aime davantage et on grandit mieux. Malheureusement, la société ne donne pas le bon exemple. À l'école, il y a beaucoup de sujets que l'on n'aborde jamais.

Manifestations

En Inde, des enfants travailleurs. Marie Dorigny/RÉA **À Paris, des lycéens.** Stéphan Zaubitzer/Tendance Floue

La mort, justement. Ou bien l'amour, ou la politique, la philosophie. Les livres d'histoire ont aussi des oublis.

La presse joue un rôle fondamental dans notre information. Cependant les médias ont souvent tendance à glorifier les réalisations de certains pays riches comme les États-Unis et de tout négliger des pays pauvres. Et les mouvements de pensées minoritaires ont du mal à pouvoir s'y exprimer. Même dans la presse spécialisée pour les enfants, il faut savoir prendre de la distance avec des idées, des simplifications ou des insinuations qui peuvent être prises pour la vérité alors qu'elles n'en sont qu'une petite partie. Il faut apprendre en général à varier ses sources d'informations.

Des pays complices

Matraques électriques, menottes rigides, salles de torture sonores et autres raffinements technologiques sont fabriqués et exportés par des pays industrialisés comme la Grande-Bretagne ou la France. Ce commerce de la terreur encourage les pays acheteurs à perpétuer la torture.

Penser et s'exprimer

Les enfants devraient être familiarisés avec les grands mouvements d'idées qui animent l'humanité. Comment faire ses choix de vie en ignorant tout du Christ dont l'image est toujours vive pour des millions de personnes, du prophète Mahomet ou, dans d'autres domaines, de Gandhi, de Marx ou de Martin Luther King? Le débat, l'échange dans le respect de l'autre sont la seule règle qui puisse enrichir chacun d'entre nous et la réalité elle-même. Il en va ainsi de la liberté de déterminer avec sa famille la religion ou la croyance de sa préférence, de pouvoir la pratiquer y compris lorsqu'elle est minoritaire dans une communauté. Il faut cependant fermement combattre les sectes dont l'objectif est la manipulation et l'exploitation des

Ma meilleure copine n'a pas la même religion que moi ; ça nous fait rigoler.
Noura, 8 ans.

consciences. De la même façon, les enfants doivent pouvoir affirmer leur liberté de ne pas pratiquer de religion, de connaître et développer d'autres approches de la vie et de ses mystères.

Être libre de penser, de construire son opinion sur le monde serait bien inutile s'il fallait taire ses idées. Le droit de réunion, d'association et d'expression sont donc indispensables. Pour les enfants aussi, et la Convention signée en 1989 énonce clairement ce droit fondamental. Malheureusement, dans le monde, tous les jours on persécute, on torture, on tue des enfants parce que leur opinion ou celle de leur famille dérange. On empêche physiquement de s'exprimer des femmes et des hommes qui remettent en cause la misère de leur peuple, l'autoritarisme d'un pouvoir ou le sort qu'ils subissent. Notre solidarité doit s'affirmer chaque fois que cela nous paraît nécessaire.

La parole est aux enfants

En famille, dans le quartier, à l'école on peut apprendre à dire son mot, s'intéresser à ses affaires, son quotidien. L'éducation civique permet d'apprendre à mieux faire usage de ses droits et de trouver sa place parmi les autres. Dans les écoles primaires (où les enfants sont les seuls partenaires exclus des Conseils d'école!) et dans les collèges on pourrait davantage associer les enfants, des délégués mieux formés et informés, à la vie de l'établissement.

Dans de nombreuses villes de France, on essaie d'impliquer les enfants dans la vie locale. Des conseils municipaux d'enfants et des maires-enfants sont parfois élus. Ces initiatives visent à faire vivre le droit à l'expression des enfants. Certaines sont de belles réussites; les enfants sont considérés comme un enrichissement à la vie municipale

Sachons cependant éviter d'appliquer à l'emporte-pièce les modèles des adultes sur le monde des enfants. L'école, les centres de loisirs, la presse, les associations sportives, de locataires ou les mouvements de jeunes ne pourraient-ils pas aussi alimenter la vie démocratique au niveau local ou régional? Et puis, n'opposons surtout pas le monde des enfants à celui des adultes comme si les uns détenaient la vérité contre l'avis des autres. Inventons plutôt, ensemble, des formes nouvelles de démocratie, adaptées à chaque situation, qui marcheraient «pour de vrai».

Le Parlement des enfants

Il réunit chaque année en France 577 enfants désignés par leur classe, à l'Assemblée nationale. Malheureusement beaucoup de leurs propositions exigent des dépenses nouvelles... et la loi n'autorise pas les élus d'un jour à en créer! Il leur reste toujours à agir avec leurs copains, de retour chez eux, pour obtenir gain de cause...

Tu agrandis LE MONDE

J'ai le sentiment de te connaître et même de connaître ton nom. Tu t'appelles Floréal n'est-ce pas? Non? D'accord, je me suis trompé. Toi, c'est toi. Il n'y en a pas deux comme toi. Et pourtant, ce livre que je viens d'écrire te ressemble. Dans chacun des dossiers que je viens d'ouvrir, il y a un peu de ta personne.
La faim t'interroge : «Ai-je le droit de râler contre les pâtes sans goût de la cantine quand à l'autre bout du monde on meurt 35 000 fois de faim?» Bien sûr, c'est même ton devoir d'enfant. Tous les progrès qu'ici tu conquerras, ne serait-ce que sous la forme d'une dérisoire cuillerée de sauce tomate, seront positifs pour tous les autres enfants de la planète. Pourquoi? Parce que cela te prouve et prouve au monde que la réalité peut être changée. La santé, la misère, le travail des enfants... tu t'es aussi reconnu dans ces pages. Tu t'es demandé si ton logement était parfaitement adapté aux besoins de ta famille ou bien s'il était juste de le payer si cher. Tu as sûrement pensé que tu te révolterais si l'on tentait de t'exploiter comme un enfant des rues de Bombay. Tu t'es même vu, une seconde durant, Président de la République du Monde pour décréter : interdiction absolue,

Dessiner ses rêves

Seul, ou avec les autres, imaginer le monde
Olivier Culmann
Tendance Floue

totale et définitive de fabriquer des armes!
Le dégoût de toute discrimination raciale, cela aussi c'est vraiment toi! Tu sais bien que plusieurs de tes ancêtres ont dû traverser des frontières et que tu veux être libre de choisir tes amis, ou de dire un jour je t'aime en palindromin si cette langue existait!
Je ne sais presque rien de toi, si ce n'est que tu es actuellement en train de lire un livre et que tu te demandes peut-être pourquoi je me mets soudain à te tutoyer. Mais je te répète que c'est parce que mon livre et toi vous vous ressemblez comme deux gouttes d'encre. Comme lui, tu trouves injuste qu'un adulte utilise sa force contre un enfant, que l'argent-roi truque toutes les relations humaines, qu'à l'époque des navettes spatiales et des rayons laser le malheur des hommes soit si sombre.
Mais derrière les chiffres, les terribles témoignages de ce livre, il y a le rêve, le grand espoir que tout changera. Et c'est vrai, tout va changer pour

Récréation

Sur les hauts-plateaux de Bolivie
Olivier Culmann
Tendance Floue

les enfants de la planète Terre parce que cela fait des millénaires que tout ne cesse de changer, de progresser. Chaque jour, dans le monde, des milliers de luttes, minuscules ou puissantes, modifient très lentement ou brusquement les réalités. Tout compte : la manifestation de jeunes Indiens contre l'exploitation, l'action d'une infirmière française au Burkina Faso, ta pièce de 10 francs, l'expérience du biologiste, des collégiens qui signent une pétition pour obtenir des heures de sport, ou bien le petit billet contenant trois bonnes idées pour la classe que tu viens de remettre à ton professeur.
Bien sûr, comme dans tes rêves, le plus simple c'est de faire appel à une fée. Et justement, la fée aujourd'hui existe : c'est toi!
***Les pouvoirs extraordinaires que tu détiens, ta parole, ton audace, ton regard, ton action sont capables de bouleverser le monde et d'accorder aux enfants tous les droits qui leur reviennent.** La Convention internationale relative aux droits des enfants t'y aide. De nombreuses associations te permettent d'agir, avec ta famille, tes copains. C'est toi qui peux agrandir le monde pour que chaque enfant y trouve la place qu'il mérite.*
Tu te dis que la tâche est énorme. Tu ne sais pas vraiment par quel bout commencer. Tu aurais tellement envie que le 21e siècle soit beau et fraternel.
Écoute Mathieu. Il a 11 ans et des idées plein la tête : «Je vais apporter Le Grand Livre des droits de l'enfant *en classe et je vais proposer que l'on fasse un débat pour discuter entre nous et parler aussi aux adultes». Karim, lui, a entendu parler des Père Noël verts qui permettent d'organiser la solidarité avec les plus pauvres de notre pays. Nicolas veut aller voir le maire à propos d'un stage de kayak. Et toi, Floréal, que vas-tu faire?*
Ce livre refermé, c'est maintenant à toi de jouer. Avec tous les autres Terriens.

CONVENTION RELATIVE AUX DROITS DE L'ENFANT
ADOPTÉE LE 20 NOVEMBRE 1989 PAR L'ONU

UNICEF/Betty Press

TEXTE INTÉGRAL

Article premier
Au sens de la présente Convention, un enfant s'entend de tout être humain âgé de moins de dix-huit ans, sauf si la majorité est atteinte plus tôt en vertu de la législation qui lui est applicable.

Article 2
1. Les États parties s'engagent à respecter les droits qui sont énoncés dans la présente Convention et à les garantir à tout enfant relevant de leur juridiction, sans distinction aucune, indépendamment de toute considération de race, de couleur, de sexe, de langue, de religion, d'opinion politique ou autre de l'enfant ou de ses parents ou représentants légaux, de leur origine nationale, ethnique ou sociale, de leur situation de fortune, de leur incapacité, de leur naissance ou de toute autre situation.
2. Les États parties prennent toutes les mesures appropriées pour que l'enfant soit effectivement protégé contre toutes formes de discrimination ou de sanction motivées par la situation juridique, les activités, les opinions déclarées ou les convictions de ses parents, de ses représentants légaux ou des membres de sa famille.

Article 3
1. Dans toutes les décisions qui concernent les enfants, qu'elles soient le fait des institutions publiques ou privées de protection sociale, des tribunaux, des autorités administratives ou des organes législatifs, l'intérêt supérieur de l'enfant doit être une considération primordiale.
2. Les États parties s'engagent à assurer à l'enfant la protection et les soins nécessaires à son bien-être, compte tenu des droits et des devoirs de ses parents, de ses tuteurs ou des autres personnes légalement responsables de lui, et ils prennent à cette fin toutes les mesures législatives et administratives appropriées.
3. Les États parties veillent à ce que le fonctionnement des institutions, services et établissements qui ont la charge des enfants et assurent leur protection soit conforme aux normes fixées par les autorités compétentes, particulièrement dans le domaine de la sécurité et de la santé et en ce qui concerne le nombre et la compétence de leur personnel ainsi que l'existence d'un contrôle approprié.

Article 4
Les États parties s'engagent à prendre toutes les mesures législatives, administratives et autres qui sont nécessaires pour mettre en œuvre les droits reconnus dans la présente Convention. Dans le cas des droits économiques, sociaux et culturels, ils prennent ces mesures dans toutes les limites des ressources dont ils disposent et, s'il y a lieu, dans le cadre de la coopération internationale.

Article 5
Les États parties respectent la responsabilité, le droit et le devoir qu'ont les parents ou, le cas échéant, les membres de la famille élargie ou de la communauté, comme prévu par la coutume locale, les tuteurs ou autres personnes légalement responsables de l'enfant, de donner à celui-ci, d'une manière qui corresponde au développement de ses capacités, l'orientation et les conseils appropriés à l'exercice des droits.

Article 6
1. Les États parties reconnaissent que tout enfant a un droit inhérent à la vie.
2. Les États parties assurent dans toute la mesure possible la survie et le développement de l'enfant.

Article 7
1. L'enfant est enregistré aussitôt sa naissance et a dès celle-ci le droit à un nom, le droit d'acquérir une nationalité et, dans la mesure du possible, le droit de connaître ses parents et d'être élevé par eux.
2. Les États parties veillent à mettre ces droits en œuvre conformément à leur législation nationale et aux obligations que leur imposent les instruments internationaux applicables en la matière, en particulier dans les cas où faute de cela l'enfant se trouverait apatride.

Article 8
1. Les États parties s'engagent à respecter le droit de l'enfant de préserver son identité, y compris sa nationalité, son nom et ses relations familiales, tels qu'ils sont reconnus par la loi, sans ingérence illégale.
2. Si un enfant est illégalement privé des éléments constitutifs de son identité ou de certains d'entre eux, les États parties doivent lui accorder une assistance et une protection appropriées, pour que son identité soit rétablie aussi rapidement que possible.

Article 9
1. Les États parties veillent à ce que l'enfant ne soit pas séparé de ses parents contre leur gré, à moins que les autorités compétentes ne décident, sous réserve de révision judiciaire et conformément aux lois et procédures applicables, que cette séparation est nécessaire dans l'intérêt supérieur de l'enfant. Une décision en ce sens peut être nécessaire dans certains cas particuliers, par exemple lorsque les parents maltraitent ou négligent l'enfant, ou lorsqu'ils vivent séparément et qu'une décision doit être prise au sujet du lieu de résidence de l'enfant.
2. Dans tous les cas prévus au paragraphe 1, toutes les parties intéressées doivent avoir la possibilité de participer aux délibérations et de faire connaître leurs vues.
3. Les États parties respectent le droit de l'enfant séparé de ses deux parents d'entretenir régulièrement des relations personnelles et des contacts directs avec ses deux parents, sauf si cela est contraire à l'intérêt supérieur de l'enfant.
4. Lorsque la séparation résulte de mesures prises par un Etat partie, telles que la détention, l'emprisonnement, l'exil, l'expulsion ou la mort (y compris la mort, quelle qu'en soit la cause, survenue en cours de détention) des deux parents ou de l'un d'eux, ou de l'enfant, l'état partie donne sur demande aux parents, à l'enfant ou, s'il y a lieu, à un autre membre de la famille les renseignements essentiels sur le lieu où se trouvent le membre ou les membres de la famille, à moins que la divulgation de ces renseignements ne soit préjudiciable au bien-être de l'enfant. Les États parties veillent en outre à ce que la présentation d'une telle demande n'entraîne pas en elle-même de conséquences fâcheuses pour la personne ou les personnes intéressées.

Article 10

1. Conformément à l'obligation incombant aux États parties en vertu du paragraphe 1 de l'article 9, toute demande faite par un enfant ou ses parents en vue d'entrer dans un Etat partie ou de le quitter aux fins de réunification familiale est considérée par les États parties, dans un esprit positif, avec humanité et diligence. Les États parties veillent en outre à ce que la présentation d'une telle demande n'entraîne pas de conséquences fâcheuses pour les auteurs de la demande et les membres de leurs familles.
2. Un enfant dont les parents résident dans des États différents a le droit d'entretenir, sauf circonstances exceptionnelles, des relations personnelles et des contacts directs réguliers avec ses deux parents. À cette fin, et conformément à l'obligation incombant aux États parties en vertu du paragraphe 2 de l'article 9, les États parties respectent le droit qu'ont l'enfant et ses parents de quitter tout pays, y compris le leur, et de revenir dans leur propre pays. Le droit de quitter tout pays ne peut faire l'objet que des restrictions prescrites par la loi qui sont nécessaires pour protéger la sécurité nationale, l'ordre public, la santé ou la moralité publiques, ou les droits et libertés d'autrui, et qui sont compatibles avec les autres droits reconnus dans la présente Convention.

Article 11

1. Les États parties prennent des mesures pour lutter contre les déplacements et les non-retours illicites d'enfants à l'étranger.
2. À cette fin, les États parties favorisent la conclusion d'accords bilatéraux ou multilatéraux ou l'adhésion aux accords existants.

Article 12

1. Les États parties garantissent à l'enfant qui est capable de discernement le droit d'exprimer librement son opinion sur toute question l'intéressant, les opinions de l'enfant étant dûment prises en considération eu égard à son âge et à son degré de maturité.
2 . À cette fin, on donnera notamment à l'enfant la possibilité d'être entendu dans toute procédure judiciaire ou administrative l'intéressant, soit directement, soit par l'intermédiaire d'un représentant ou d'un organisme approprié, de façon compatible avec les règles de procédure de la législation nationale.

Article 13

1. L'enfant a droit à la liberté d'expression. Ce droit comprend la liberté de rechercher, de recevoir et de répandre des informations et des idées de toute espèce, sans considération de frontières, sous une forme orale, écrite, imprimée ou artistique, ou par tout autre moyen du choix de l'enfant.
2. L'exercice de ce droit ne peut faire l'objet que des seules restrictions qui sont prescrites par la loi et qui sont nécessaires :
a) Au respect des droits ou de la réputation d'autrui ; ou
b) À la sauvegarde de la sécurité nationale, de l'ordre public, de la santé ou de la moralité publiques.

Article 14

1. Les États parties respectent le droit de l'enfant à la liberté de pensée, de conscience et de religion.
2. Les États parties respectent le droit et le devoir des parents ou, le cas échéant, des représentants légaux de l'enfant, de guider celui-ci dans l'exercice du droit susmentionné d'une manière qui corresponde au développement de ses capacités.
3. La liberté de manifester sa religion ou ses convictions ne peut être soumise qu'aux seules restrictions qui sont prescrites par la loi et qui sont nécessaires pour préserver la sûreté publique, l'ordre public, la santé et la moralité publiques, ou les libertés et droits fondamentaux d'autrui.

Article 15

1. Les États parties reconnaissent les droits de l'enfant à la liberté d'association et à la liberté de réunion pacifique.
2. L'exercice de ces droits ne peut faire l'objet que des seules restrictions qui sont prescrites par la loi et qui sont nécessaires dans une société démocratique, dans l'intérêt de la sécurité nationale, de la sûreté publique ou de l'ordre public, ou pour protéger la santé ou la moralité publiques, ou les droits et libertés d'autrui.

Article 16

1. Nul enfant ne fera l'objet d'immixtions arbitraires ou illégales dans sa vie privée, sa famille, son domicile ou sa correspondance, ni d'atteintes illégales à son honneur et à sa réputation.
2. L'enfant a droit à la protection de la loi contre de telles immixtions ou de telles atteintes.

Article 17

Les États parties reconnaissent l'importance de la fonction remplie par les médias et veillent à ce que l'enfant ait accès à une information et à des matériels provenant de sources nationales et internationales diverses, notamment ceux qui visent à promouvoir son bien-être social, spirituel et moral ainsi que sa santé physique et mentale. À cette fin, les États parties :
a) Encouragent les médias à diffuser une information et des matériels qui présentent une utilité sociale et culturelle pour l'enfant et répondent à l'esprit de l'article 29 ;
b) Encouragent la coopération internationale en vue de produire, d'échanger et de diffuser une information et des matériels de ce type provenant de différentes sources culturelles, nationales et internationales ;
c) Encouragent la production et la diffusion de livres pour enfants ;
d) Encouragent les médias à tenir particulièrement compte des besoins linguistiques des enfants autochtones ou appartenant à un groupe minoritaire ;
e) Favorisent l'élaboration de principes directeurs appropriés destinés à protéger l'enfant contre l'information et les matériels qui nuisent à son bien-être, compte tenu des dispositions des articles 13 et 18.

Article 18

1. Les États parties s'emploient de leur mieux à assurer la reconnaissance du principe selon lequel les deux parents ont une responsabilité commune pour ce qui est d'élever l'enfant et d'assurer son développement. La responsabilité d'élever l'enfant et d'assurer son développement incombe au premier chef aux parents ou, le cas échéant, à ses représentants légaux. Ceux-ci doivent être guidés avant tout par l'intérêt supérieur de l'enfant.
2. Pour garantir et promouvoir les droits énoncés dans la présente Convention, les États parties accordent l'aide appropriée aux

parents et aux représentants légaux de l'enfant dans l'exercice de la responsabilité qui leur incombe d'élever l'enfant et assurent la mise en place d'institutions, d'établissements et de services chargés de veiller au bien-être des enfants.

3. Les États parties prennent toutes les mesures appropriées pour assurer aux enfants dont les parents travaillent le droit de bénéficier des services et établissements de garde d'enfants pour lesquels ils remplissent les conditions requises.

Article 19

1. Les États parties prennent toutes les mesures législatives, administratives, sociales et éducatives appropriées pour protéger l'enfant contre toutes formes de violence, d'atteinte ou de brutalités physiques ou mentales, d'abandon ou de négligence, de mauvais traitements ou d'exploitation, y compris la violence sexuelle, pendant qu'il est sous la garde de ses parents ou de l'un d'eux, de son ou ses représentants légaux ou de toute autre personne à qui il est confié

2. Ces mesures de protection comprendront, selon qu'il conviendra, des procédures efficaces pour l'établissement de programmes sociaux visant à fournir l'appui nécessaire à l'enfant et à ceux à qui il est confié, ainsi que pour d'autres formes de prévention, et aux fins d'identification, de rapport, de renvoi, d'enquête, de traitement et de suivi pour les cas de mauvais traitements de l'enfant décrits ci-dessus, et comprendre également, selon qu'il conviendra, des procédures d'intervention judiciaire.

Article 20

1. Tout enfant qui est temporairement ou définitivement privé de son milieu familial, ou qui dans son propre intérêt ne peut être laissé dans ce milieu, a droit à une protection et une aide spéciales de l'Etat.

2. Les États parties prévoient pour cet enfant une protection de remplacement conforme à leur législation nationale.

3. Cette protection de remplacement peut notamment avoir la forme du placement dans une famille, de la «Kafala» de droit islamique, de l'adoption ou, en cas de nécessité, du placement dans un établissement pour enfants approprié. Dans le choix entre ces solutions, il est dûment tenu compte de la nécessité d'une certaine continuité dans l'éducation de l'enfant, ainsi que de son origine ethnique, religieuse, culturelle et linguistique.

Article 21

Les États parties qui admettent et/ou autorisent l'adoption s'assurent que l'intérêt supérieur de l'enfant est la considération primordiale en la matière, et :

a) Veillent à ce que l'adoption d'un enfant ne soit autorisée que par les autorités compétentes, qui vérifient, conformément à la loi et aux procédures applicables et sur la base de tous les renseignements fiables relatifs au cas considéré, que l'adoption peut avoir lieu eu égard à la situation de l'enfant par rapport à ses père et mère, parents et représentants légaux et que, le cas échéant, les personnes intéressées ont donné leur consentement à l'adoption en connaissance de cause, après s'être entourées des avis nécessaires ;

b) Reconnaissent que l'adoption à l'étranger peut être envisagée comme un autre moyen d'assurer les soins nécessaires à l'enfant, si celui-ci ne peut, dans son pays d'origine, être placé dans une famille nourricière ou adoptive ou être convenablement élevé ;

c) Veillent, en cas d'adoption à l'étranger, à ce que l'enfant ait le bénéfice de garanties et de normes équivalant à celles existant en cas d'adoption nationale ;

d) Prennent toutes les mesures appropriées pour veiller à ce que, en cas d'adoption à l'étranger, le placement de l'enfant ne se traduise pas par un profit matériel indu pour les personnes qui en sont responsables ;

e) Poursuivent les objectifs du présent article en concluant des arrangements ou des accords bilatéraux ou multilatéraux, selon les cas, et s'efforcent dans ce cadre de veiller à ce que les placements d'enfants à l'étranger soient effectués par des autorités ou des organes compétents.

Article 22

1. Les États parties prennent les mesures appropriées pour qu'un enfant qui cherche à obtenir le statut de réfugié ou qui est considéré comme réfugié en vertu des règles et procédures du droit international ou national applicable, qu'il soit seul ou accompagné de ses père et mère ou de toute autre personne, bénéficie de la protection et de l'assistance humanitaire voulues pour lui permettre de jouir des droits que lui reconnaissent la présente Convention et les autres instruments internationaux relatifs aux droits de l'homme ou de caractère humanitaire auxquels lesdits États sont parties.

2. À cette fin, les États parties collaborent, selon qu'ils le jugent nécessaire, à tous les efforts faits par l'Organisation des Nations Unies et les autres organisations inter-gouvernementales ou non gouvernementales compétentes collaborant avec l'Organisation des Nations Unies pour protéger et aider les enfants qui se trouvent en pareille situation et pour rechercher les père et mère ou autres membres de la famille de tout enfant réfugié en vue d'obtenir les renseignements nécessaires pour le réunir à sa famille. Lorsque ni le père, ni la mère, ni aucun autre membre de la famille ne peut être retrouvé, l'enfant se voit accorder, selon les principes énoncés dans la présente Convention, la même protection que tout autre enfant définitivement ou temporairement privé de son milieu familial pour quelque raison que ce soit.

Article 23

1. Les États parties reconnaissent que les enfants mentalement ou physiquement handicapés doivent mener une vie pleine et décente, dans des conditions qui garantissent leur dignité, favorisent leur autonomie et facilitent leur participation active à la vie de la collectivité.

2. Les États parties reconnaissent le droit des enfants handicapés de bénéficier de soins spéciaux et encouragent et assurent, dans la mesure des ressources disponibles, l'octroi, sur demande, aux enfants handicapés remplissant les conditions requises et à ceux qui en ont la charge, d'une aide adaptée à l'état de l'enfant et à la situation de ses parents ou de ceux à qui il est confié.

3. Eu égard aux besoins particuliers des enfants handicapés, l'aide fournie conformément au paragraphe 2 est gratuite chaque fois qu'il est possible, compte tenu des ressources financières de

leurs parents ou de ceux à qui l'enfant est confié, et elle est conçue de telle sorte que les enfants handicapés aient effectivement accès à l'éducation, à la formation, aux soins de santé, à la rééducation, à la préparation à l'emploi et aux activités récréatives, et bénéficient de ces services de façon propre à assurer une intégration sociale aussi complète que possible et leur épanouissement personnel, y compris dans le domaine culturel et spirituel.

4. Dans un esprit de coopération internationale, les États parties favorisent l'échange d'informations pertinentes dans le domaine des soins de santé préventifs et du traitement médical, psychologique et fonctionnel des enfants handicapés, y compris par la diffusion d'informations concernant les méthodes de rééducation et les services de formation professionnelle, ainsi que l'accès à ces données, en vue de permettre aux États parties d'améliorer leurs capacités et leurs compétences et d'élargir leur expérience dans ces domaines. À cet égard, il est tenu particulièrement compte des besoins des pays en développement.

Article 24

1. Les États parties reconnaissent le droit de l'enfant de jouir du meilleur état de santé possible et de bénéficier de services médicaux et de rééducation. Ils s'efforcent de garantir qu'aucun enfant ne soit privé du droit d'avoir accès à ces services.

2. Les États parties s'efforcent d'assurer la réalisation intégrale du droit susmentionné et, en particulier, prennent les mesures appropriées pour :

a) Réduire la mortalité parmi les nourrissons et les enfants ;

b) Assurer à tous les enfants l'assistance médicale et les soins de santé nécessaires, l'accent étant mis sur le développement des soins de santé primaires ;

c) Lutter contre la maladie et la malnutrition, y compris dans le cadre des soins de santé primaires, grâce notamment à l'utilisation de techniques aisément disponibles et à la fourniture d'aliments nutritifs et d'eau potable, compte tenu des dangers et des risques de pollution du milieu naturel ;

d) Assurer aux mères des soins prénatals et postnatals appropriés ;

e) Faire en sorte que tous les groupes de la société, en particulier les parents et les enfants, reçoivent une information sur la santé et la nutrition de l'enfant, les avantages de l'allaitement au sein, l'hygiène et la salubrité de l'environnement et la prévention des accidents, et bénéficient d'une aide leur permettant de mettre à profit cette information ;

f) Développer les soins de santé préventifs, les conseils aux parents et l'éducation et les services en matière de planification familiale.

3. Les États parties prennent toutes les mesures efficaces appropriées en vue d'abolir les pratiques traditionnelles préjudiciables à la santé des enfants.

4. Les États parties s'engagent à favoriser et à encourager la coopération internationale en vue d'assurer progressivement la pleine réalisation du droit reconnu dans le présent article À cet égard, il est tenu particulièrement compte des besoins des pays en développement.

Article 25

Les États parties reconnaissent à l'enfant qui a été placé par les autorités compétentes pour recevoir des soins, une protection ou un traitement physique ou mental, le droit à un examen périodique dudit traitement et de toute autre circonstance relative à son placement.

Article 26

1. Les États parties reconnaissent à tout enfant le droit de bénéficier de la sécurité sociale, y compris les assurances sociales, et prennent les mesures nécessaires pour assurer la pleine réalisation de ce droit en conformité avec leur législation nationale.

2. Les prestations doivent, lorsqu'il y a lieu, être accordées compte tenu des ressources et de la situation de l'enfant et des personnes responsables de son entretien, ainsi que de toute autre considération applicable à la demande de prestation faite par l'enfant ou en son nom.

Article 27

1. Les États parties reconnaissent le droit de tout enfant à un niveau de vie suffisant pour permettre son développement physique, mental, spirituel, moral et social.

2. C'est aux parents ou autres personnes ayant la charge de l'enfant qu'incombe au premier chef la responsabilité d'assurer, dans les limites de leurs possibilités et de leurs moyens financiers, les conditions de vie nécessaires au développement de l'enfant.

3. Les États parties adoptent les mesures appropriées, compte tenu des conditions nationales et dans la mesure de leurs moyens, pour aider les parents et autres personnes ayant la charge de l'enfant à mettre en œuvre ce droit et offrent, en cas de besoin, une assistance matérielle et des programmes d'appui, notamment en ce qui concerne l'alimentation, le vêtement et le logement.

4. Les États parties prennent toutes les mesures appropriées en vue d'assurer le recouvrement de la pension alimentaire de l'enfant auprès de ses parents ou des autres personnes ayant une responsabilité financière à son égard, que ce soit sur leur territoire ou à l'étranger. En particulier, pour tenir compte des cas où la personne qui a une responsabilité financière à l'égard de l'enfant vit dans un Etat autre que celui de l'enfant, les États parties favorisent l'adhésion à des accords internationaux ou la conclusion de tels accords ainsi que l'adoption de tous autres arrangements appropriés.

Article 28

1. Les États parties reconnaissent le droit de l'enfant à l'éducation, et en particulier, en vue d'assurer l'exercice de ce droit progressivement et sur la base de l'égalité des chances :

a) Ils rendent l'enseignement primaire obligatoire et gratuit pour tous ;

b) Ils encouragent l'organisation de différentes formes d'enseignement secondaire, tant général que professionnel, les rendent ouvertes et accessibles à tout enfant, et prennent des mesures appropriées telles que l'instauration de la gratuité de l'enseignement et l'offre d'une aide financière en cas de besoin ;

c) Ils assurent à tous l'accès à l'enseignement supérieur, en fonction des capacités de chacun, par tous les moyens appropriés ;

d) Ils rendent ouvertes et accessibles à tout enfant l'information et l'orientation scolaires et professionnelles ;

e) Ils prennent des mesures pour encourager la régularité de la fréquentation scolaire et la réduction des taux d'abandon scolaire.

2. Les États parties prennent toutes les mesures appropriées pour veiller à ce que la discipline scolaire soit appliquée d'une manière compatible avec la dignité de l'enfant en tant qu'être humain et conformément à la présente Convention.

3. Les États parties favorisent et encouragent la coopération internationale dans le domaine de l'éducation, en vue notamment de contribuer à éliminer l'ignorance et l'analphabétisme dans le monde et de faciliter l'accès aux connaissances scientifiques et techniques et aux méthodes d'enseignement modernes. À cet égard, il est tenu particulièrement compte des besoins des pays en développement.

Article 29

1. Les États parties conviennent que l'éducation de l'enfant doit :

a) Favoriser l'épanouissement de la personnalité de l'enfant et le développement de ses dons et des ses aptitudes mentales et physiques, dans toute la mesure de leurs potentialités ;

b) Inculquer à l'enfant le respect des droits de l'homme et des libertés fondamentales, et des principes consacrés dans la Charte des Nations Unies ;

c) Inculquer à l'enfant le respect de ses parents, de son identité, de sa langue et de ses valeurs culturelles, ainsi que le respect des valeurs nationales du pays dans lequel il vit, du pays duquel il peut être originaire et des civilisations différentes de la sienne ;

d) Préparer l'enfant à assumer les responsabilités de la vie dans une société libre, dans un esprit de compréhension, de paix, de tolérance, d'égalité entre les sexes et d'amitié entre tous les peuples et groupes ethniques, nationaux et religieux, et avec les personnes d'origine autochtone ;

e) Inculquer à l'enfant le respect du milieu naturel.

2. Aucune disposition du présent article ou de l'article 28 ne sera interprétée d'une manière qui porte atteinte à la liberté des personnes physiques ou morales de créer et de diriger des établissements d'enseignement, à condition que les principes énoncés au paragraphe 1 du présent article soient respectés et que l'éducation dispensée dans ces établissements soit conforme aux normes minimales que l'Etat aura prescrites.

Article 30

Dans les États où il existe des minorités ethniques, religieuses ou linguistiques ou des personnes d'origine autochtone, un enfant autochtone ou appartenant à une de ces minorités ne peut être privé du droit d'avoir sa propre vie culturelle de professer et de pratiquer sa propre religion ou d'employer sa propre langue en commun avec les autres membres de son groupe.

Article 31

1. Les États parties reconnaissent à l'enfant le droit au repos et aux loisirs, de se livrer au jeu et à des activités récréatives propres à son âge, et de participer librement à la vie culturelle et artistique.

2. Les États parties respectent et favorisent le droit de l'enfant de participer pleinement à la vie culturelle et artistique, et encouragent l'organisation à son intention de moyens appropriés de loisirs et d'activités récréatives, artistiques et culturelles, dans des conditions d'égalité.

Article 32

1. Les États parties reconnaissent le droit de l'enfant d'être protégé contre l'exploitation économique et de n'être astreint à aucun travail comportant des risques ou susceptible de compromettre son éducation ou de nuire à sa santé ou à son développement physique, mental, spirituel, moral ou social.

2. Les États parties prennent des mesures législatives, administratives, sociales et éducatives, pour assurer l'application du présent article. À cette fin, et compte tenu des dispositions pertinentes des autres instruments internationaux, les États parties, en particulier :

a) Fixent un âge minimum ou des âges minimums d'admission à l'emploi ;

b)Prévoient une réglementation appropriée des horaires de travail et des conditions d'emploi ;

c) Prévoient des peines ou autres sanctions appropriées pour assurer l'application effective du présent article.

Article 33

Les États parties prennent toutes les mesures appropriées, y compris des mesures législatives, administratives, sociales et éducatives, pour protéger les enfants contre l'usage illicite de stupéfiants et de substances psychotropes, tels que les définissent les conventions internationales pertinentes, et pour empêcher que des enfants ne soient utilisés pour la production et le trafic illicites de ces substances.

Article 34

Les États parties s'engagent à protéger l'enfant contre toutes les formes d'exploitation sexuelle et de violence sexuelle. À cette fin, les États prennent en particulier toutes les mesures appropriées sur les plans national, bilatéral et multilatéral pour empêcher :

a) Que des enfants ne soient incités ou contraints à se livrer à une activité sexuelle illégale ;

b) Que des enfants ne soient exploités à des fins de prostitution ou autres pratiques sexuelles illégales ;

c) Que des enfants ne soient exploités aux fins de la production de spectacles ou de matériel de caractère pornographique.

Article 35

Les États parties prennent toutes les mesures appropriées sur les plans national, bilatéral et multilatéral pour empêcher l'enlèvement, la vente ou la traite d'enfants à quelque fin que ce soit et sous quelque forme que ce soit.

Article 36

Les États parties protègent l'enfant contre toutes autres formes d'exploitation préjudiciables à tout aspect de son bien-être.

Article 37

Les États parties veillent à ce que :

a) Nul enfant ne soit soumis à la torture ni à des peines ou traitements cruels, inhumains ou dégradants : ni la peine capitale ni l'emprisonnement à vie sans possibilité de libération ne doivent être prononcés pour les infractions commises par des personnes âgées de moins de 18 ans ;

b) Nul enfant ne soit privé de liberté de façon illégale ou arbitraire : l'arrestation, la détention ou l'emprisonnement d'un enfant doit être en conformité avec la loi, n'être qu'une mesure de dernier ressort, et être d'une durée aussi brève que possible ;

c) Tout enfant privé de liberté soit traité avec humanité et avec le respect dû à la dignité de la personne humaine, et d'une manière tenant compte des besoins des personnes de son âge : en particulier, tout enfant privé de liberté sera séparé des adultes, à moins que l'on n'estime préférable de ne pas le faire dans l'intérêt supérieur de l'enfant, et il a le droit de rester en contact avec sa famille par la correspondance et par des visites, sauf circonstances exceptionnelles ;

d) Les enfants privés de liberté aient le droit d'avoir rapidement accès à l'assistance juridique ou à toute assistance appropriée, ainsi que le droit de contester la légalité de leur privation de liberté devant un tribunal ou une autre autorité compétente, indépendante et impartiale, et à ce qu'une décision rapide soit prise en la matière.

Article 38

1. Les États parties s'engagent à respecter et à faire respecter les règles du droit humanitaire international qui leur sont applicables en cas de conflit armé et dont la protection s'étend aux enfants.
2. Les États parties prennent toutes les mesures possibles dans la pratique pour veiller à ce que les personnes n'ayant pas atteint l'âge de 15 ans ne participent pas directement aux hostilités.
3. Les États parties s'abstiennent d'enrôler dans leurs forces armées toute personne n'ayant pas atteint l'âge de 15 ans. Lorsqu'ils incorporent des personnes de plus de 15 ans mais de moins de 18 ans, les États parties s'efforcent d'enrôler en priorité les plus âgées.
4. Conformément à l'obligation qui leur incombe en vertu du droit humanitaire international de protéger la population civile en cas de conflit armé, les États parties prennent toutes les mesures possibles dans la pratique pour que les enfants qui sont touchés par un conflit armé bénéficient d'une protection et de soins.

Article 39

Les États parties prennent toutes les mesures appropriées pour faciliter la réadaptation physique et psychologique et la réinsertion sociale de tout enfant victime de toute forme de négligence, d'exploitation ou de sévices, de torture ou de toute autre forme de peines ou traitements cruels, inhumains ou dégradants, ou de conflit armé. Cette réadaptation et cette réinsertion se déroulent dans des conditions qui favorisent la santé, le respect de soi et la dignité de l'enfant.

Article 40

1. Les États parties reconnaissent à tout enfant suspecté, accusé ou convaincu d'infraction à la loi pénale le droit à un traitement qui soit de nature à favoriser son sens de la dignité et de la valeur personnelle, qui renforce son respect pour les droits de l'homme et les libertés fondamentales d'autrui, et qui tienne compte de son âge ainsi que de la nécessité de faciliter sa réintégration dans la société et de lui faire assumer un rôle constructif au sein de celle-ci.

2. À cette fin, et compte tenu des dispositions pertinentes des instruments internationaux, les États parties veillent en particulier :

a) À ce qu'aucun enfant ne soit suspecté, accusé ou convaincu d'infraction à la loi pénale en raison d'actions ou d'omissions qui n'étaient pas interdites par le droit national ou international au moment où elles ont été commises ;

b) À ce que tout enfant suspecté ou accusé d'infraction à la loi pénale ait au moins le droit aux garanties suivantes :

I- à être présumé innocent jusqu'à ce que sa culpabilité ait été légalement établie ;

II- à être informé dans le plus court délai et directement des accusations portées contre lui, ou, le cas échéant, par l'intermédiaire de ses parents ou représentants légaux, et à bénéficier d'une assistance juridique ou de toute autre assistance appropriée pour la préparation et la présentation de sa défense ;

III- à ce que sa cause soit entendue sans retard par une autorité ou une instance judiciaire compétentes, indépendantes et impartiales, selon une procédure équitable aux termes de la loi, en présence de son conseil juridique ou autre et, à moins que cela ne soit jugé contraire à l'intérêt supérieur de l'enfant en raison notamment de son âge ou de sa situation, en présence de ses parents ou représentants légaux ;

IV- à ne pas être contraint de témoigner ou de s'avouer coupable ; à interroger ou faire interroger les témoins à charge, et à obtenir la comparution et l'interrogatoire des témoins à décharge dans des conditions d'égalité ;

V- s'il est reconnu avoir enfreint la loi pénale, à faire appel de cette décision et de toute mesure arrêtée en conséquence devant une autorité ou une instance judiciaire supérieure compétentes, indépendantes et impartiales, conformément à la loi ;

VI- à se faire assister gratuitement d'un interprète s'il ne comprend ou ne parle pas la langue utilisée ;

VII- à ce que sa vie privée soit pleinement respectée à tous les stades de la procédure.

3. Les États parties s'efforcent de promouvoir l'adoption de lois, de procédures, la mise en place d'autorités et d'institutions spécialement conçues pour les enfants suspectés, accusés ou convaincus d'infraction à la loi pénale, et en particulier :

a) D'établir un âge minimum au-dessous duquel les enfants seront présumés n'avoir pas la capacité d'enfreindre la loi pénale ;

b) De prendre des mesures, chaque fois que cela est possible et souhaitable, pour traiter ces enfants sans recourir à la procédure judiciaire, étant cependant entendu que les droits de l'homme et les garanties légales doivent être pleinement respectés.

4. Toute une gamme de dispositions, relatives notamment aux soins, à l'orientation et à la supervision, aux conseils, à la probation, au placement familial, aux programmes d'éducation générale et professionnelle et aux solutions autres qu'institutionnelles seront prévues en vue d'assurer aux enfants un traitement conforme à leur bien-être et proportionné à leur situation et à l'infraction.

Article 41

Aucune des dispositions de la présente Convention ne porte atteinte aux dispositions plus propices à la réalisation des droits de l'enfant qui peuvent figurer :

a) Dans la législation d'un État partie ;
b) Dans le droit international en vigueur pour cet État.

Article 42

Les États parties s'engagent à faire largement connaître les principes et les dispositions de la présente Convention, par des moyens actifs et appropriés, aux adultes comme aux enfants.

Article 43

1. Aux fins d'examiner les progrès accomplis par les États parties dans l'exécution des obligations contractées par eux en vertu de la présente Convention, il est institué un Comité des droits de l'enfant qui s'acquitte des fonctions définies ci-après.
2. Le Comité se compose de 10 experts de haute moralité et possédant une compétence reconnue dans le domaine visé par la présente Convention. Ses membres sont élus par les États parties parmi leurs ressortissants et siègent à titre personnel, compte tenu de la nécessité d'assurer une répartition géographique équitable et eu égard aux principaux systèmes juridiques.
3. Les membres du Comité sont élus au scrutin secret sur une liste de personnes désignées par les États parties. Chaque État partie peut désigner un candidat parmi ses ressortissants.
4. La première élection aura lieu dans les six mois suivant la date d'entrée en vigueur de la présente Convention. Les élections auront lieu ensuite tous les deux ans. Quatre mois au moins avant la date de˝ chaque élection, le Secrétaire général de l'Organisation des Nations Unies invitera par écrit les États parties à proposer leurs candidats dans un délai de deux mois. Le Secrétaire général dressera ensuite la liste alphabétique des candidats ainsi désignés, en indiquant les États parties qui les ont désignés, et la communiquera aux États parties à la présente Convention.
5. Les élections ont lieu lors des réunions des États parties, convoquées par le Secrétaire général au siège de l'Organisation des Nations Unies. À ces réunions, pour lesquelles le quorum est constitué par les deux tiers des États parties, les candidats élus au Comité sont ceux qui obtiennent le plus grand nombre de voix et la majorité absolue des voix des États parties et votants.
6. Les membres du Comité sont élus pour quatre ans. Ils sont rééligibles si leur candidature est présentée à nouveau. Le mandat de cinq ans des membres élus lors de la première élection prend fin au bout de deux ans. Les noms des cinq membres seront tirés au sort par le président de la réunion immédiatement après la première élection.
7. En cas de décès ou de démission d'un membre du Comité, ou si, pour toute autre raison, un membre déclare ne plus pouvoir exercer ses fonctions au sein du Comité, l'État partie qui avait présenté sa candidature nomme un autre expert parmi ses ressortissants pour pourvoir le poste ainsi vacant jusqu'à l'expiration du mandat correspondant, sous réserve de l'approbation du Comité.
8. Le Comité adopte son règlement intérieur.
9. Le Comité élit son bureau pour une période de deux ans.
10. Les réunions du Comité se tiennent normalement au Siège de l'Organisation des Nations Unies, ou en tout autre lieu approprié déterminé par le Comité. Le Comité se réunit normalement chaque année. La durée de ses sessions est déterminée et modifiée, si nécessaire, par une réunion des États parties à la présente Convention, sous réserve de l'approbation de l'Assemblée générale.
11. Le Secrétaire général de l'Organisation des Nations Unies met à la disposition du Comité le personnel et les installations qui lui sont nécessaires pour s'acquitter efficacement des fonctions qui lui sont confiées en vertu de la présente Convention.
12. Les membres du Comité institué en vertu de la présente Convention reçoivent, avec l'approbation de l'Assemblée générale, des émoluments prélevés sur les ressources de l'Organisation des Nations Unies dans les conditions et selon les modalités fixées par l'Assemblée générale.

Article 44

1. Les États parties s'engagent à soumettre au Comité, par l'entremise du Secrétaire général des Nations Unies, des rapports sur les mesures qu'ils auront adoptées pour donner effet aux droits reconnus dans la présente Convention et sur les progrès réalisés dans la jouissance de ces droits :
a) Dans les deux ans à compter de la date de l'entrée en vigueur de la présente Convention pour les États parties intéressés,
b) Par la suite, tous les cinq ans.
2. Les rapports établis en application du présent article doivent, le cas échéant, indiquer les facteurs et les difficultés empêchant les États parties de s'acquitter pleinement des obligations prévues dans la présente Convention. Ils doivent également contenir des renseignements suffisants pour donner au Comité une idée précise de l'application de la Convention dans le pays considéré.
3. Les États parties ayant présenté au Comité un rapport initial complet n'ont pas, dans les rapports qu'il lui présentent ensuite conformément à l'alinéa b) du paragraphe 1, à répéter les renseignements de base antérieurement communiqués.
4. Le Comité peut demander aux États parties tous renseignements complémentaires relatifs à l'application de la Convention.
5. Le Comité soumet tous les deux ans à l'Assemblée générale, par l'entremise du Conseil économique et social, un rapport sur ses activités.
6. Les États parties assurent à leurs rapports une large diffusion dans leur propre pays.

Article 45

Pour promouvoir l'application effective de la Convention et encourager la coopération internationale dans le domaine visé par la Convention :
a) Les institutions spécialisées, l'UNICEF et d'autres organes des Nations Unies ont le droit de se faire représenter lors de l'examen de l'application des dispositions de la présente Convention qui relèvent de leur mandat. Le Comité peur inviter les institutions spécialisées, l'UNICEF et tous autres organismes compétents qu'il jugera appropriés à donner des avis spécialisés sur l'application de la Convention dans les domaines qui relèvent de leur mandat respectif. Il peut inviter les institutions

spécialisées, l'UNICEF et d'autres organes des Nations Unies à lui présenter des rapports sur l'application de la Convention dans les secteurs qui relèvent de leur domaine d'activité.
b) Le Comité transmet, s'il le juge nécessaire, aux institutions spécialisées, à l'UNICEF et aux autres organismes compétents tout rapport des États parties contenant une demande ou indiquant un besoin de conseils ou d'assistance techniques, accompagné, le cas échéant, des observations et suggestions du Comité touchant la dite demande ou indication.
c) Le Comité peut recommander à l'Assemblée générale de prier le Secrétaire général de procéder pour le Comité à des études sur des questions spécifiques touchant les droits de l'enfant.
d) Le Comité peut faire des suggestions et des recommandations d'ordre général fondées sur les renseignements reçus en application des articles 44 et 45 de la présente Convention. Ces suggestions et recommandations d'ordre général sont transmises à tout État partie intéressé et portées à l'attention de l'Assemblée générale, accompagnées, le cas échéant, des observations des États parties.

Article 46

La présente Convention est ouverte à la signature de tous les États.

Article 47

La présente Convention est sujette à ratification. Les instruments de ratification seront déposés auprès du Secrétaire général de l'Organisation des Nations Unies.

Article 48

La présente Convention restera ouverte à l'adhésion de tout État. Les instruments d'adhésion seront déposés auprès du Secrétaire général de l'Organisation des Nations Unies.

Article 49

1. La présente Convention entrera en vigueur le trentième jour qui suivra la date du dépôt auprès du Secrétaire général de l'Organisation des Nations Unies du vingtième instrument de ratification ou d'adhésion.
2. Pour chacun des États qui ratifieront la présente Convention ou y adhéreront après le dépôt du vingtième instrument de ratification ou d'adhésion, la Convention entrera en vigueur le trentième jour qui suivra le dépôt par cet État de son instrument de ratification ou d'adhésion, la Convention entrera en vigueur le trentième jour qui suivra le dépôt par cet État de son instrument de ratification ou d'adhésion.

Article 50

1. Tout État partie peut proposer un amendement et en déposer le texte auprès du Secrétaire général de l'Organisation des Nations Unies. Le Secrétaire général communique alors la proposition d'amendement aux États parties, en leur demandant de lui faire savoir s'ils sont favorables à la convocation d'une conférence des États parties en vue de l'examen de la proposition et de sa mise aux voix. Si, dans les quatre mois qui suivent la date de cette communication, un tiers au moins des États parties se prononcent en faveur de la convocation d'une telle conférence, le Secrétaire général convoque la conférence sous les auspices de l'Organisation des Nations Unies. Tout amendement adopté par la majorité des États parties présents et votants à la conférence est soumis pour approbation à l'Assemblée générale des Nations Unies.
2. Tout amendement adopté conformément aux dispositions du paragraphe 1 du présent article entre en vigueur lorsqu'il a été approuvé par l'Assemblée générale des Nations Unies et accepté par une majorité des deux tiers des États parties.
3. Lorsqu'un amendement entre en vigueur, il a force obligatoire pour les États parties qui l'ont accepté, les autres États parties demeurant liés par les dispositions de la présente Convention et par tous amendements antérieurs acceptés par eux.

Article 51

1. Le Secrétaire général de l'Organisation des Nations Unies recevra et communiquera à tous les États le texte des réserves qui auront été faites par les États au moment de la ratification ou de l'adhésion.
2. Aucune réserve incompatible avec l'objet et le but de la présente Convention n'est autorisée.
3. Les réserves peuvent être retirées à tout moment par notification adressée au Secrétaire général de l'Organisation des Nations Unies, lequel en informe tous les États parties à la Convention. La notification prend effet à la date à laquelle elle est reçue par le Secrétaire général.

Article 52

Tout État partie peut dénoncer la présente Convention par notification écrite adressée au Secrétaire général de l'Organisation des Nations Unies. La dénonciation prend effet un an après la date à laquelle la notification a été reçue par le Secrétaire général.

Article 53

Le Secrétaire général de l'Organisation des Nations Unies est désigné comme dépositaire de la présente Convention.

Article 54

L'original de la présente Convention, dont les textes anglais, arabe, chinois, espagnol, français et russe font également foi, sera déposé auprès du Secrétaire général de l'Organisation des Nations Unies.
En foi de quoi les plénipotentiaires soussignés, dûment habilités par leurs gouvernements respectifs, ont signé la présente Convention.

Carnet d'adresses

Voici des organismes ou associations qui peuvent permettre de s'informer davantage, d'agir seul, en famille ou en groupe sur différents aspects des droits de l'enfant. De nombreuses autres associations existent, celles-ci sont citées à titre indicatif, par ordre alphabétique.

Action catholique des enfants (ACE)
BP 700
63, avenue de la République
92542 Montrouge cedex

Aide et action
53, boulevard de Charonne
75545 Paris Cedex 11

Anacej (conseils municipaux d'enfants)
105,rue Lafayette
75010 Paris

Amnesty International Comité enfant
4, rue de la pierre levée
75011 Paris

ATD Quart Monde
33, rue Bergère
75009 Paris

Centre d'entraînement aux méthodes d'éducation active (Cemea)
76, bd de la Villette
75940 Paris

COFRADE (Conseil français des associations pour les droits de l'enfant)
7, rue St Lazare
75009 Paris

Droit au logement (Dal)
8, rue des Francs Bourgeois
75003 Paris

Eclaireuses et éclaireurs de France
12, place Georges Pompidou
93167 Noisy-le-Grand Cedex

Enfance et Familles d'adoption
3, rue Gérando
75009 Paris

Enfance et Partage
10, rue Bluets
75011 Paris

Enfants du monde droits de l'homme
1, place Thorigny
75003 Paris

Enfants réfugiés du monde
34, rue Gaston Lauriau
93100 Montreuil

Fédération française des clubs Unesco
2, rue Lapeyre
75018 Paris

Les Francas
10-14, rue Tolain
75020 Paris

Handicap international
104, rue Oberkampf
75011 Paris

Libère tes fringues Artisans du monde
4, rue Franklin
93200 Saint-Denis

Ligue contre le Racisme et l'Antisémitisme (Licra)
40, rue Paradis
75010 Paris

Mouvement des Pionniers de France
23, rue de l'Union
93300 Aubervilliers

Mouvement de la Paix
139, bd Victor-Hugo
93400 Saint-Ouen

Mouvement contre le racisme et pour l'amitié entre les peuples (MRAP)
43, boulevard Magenta
75010 Paris

Office central de la coopération à l'école (OCCE)
101 bis, rue du Ranelagh
75016 Paris

Les Restaurants du Cœur
8, rue d'Athènes
75009 Paris

Secours Populaire Français (SPF)
9-11, rue Froissart
75140 Paris Cedex 03

S.O.S. Racisme
1, rue Cail
75010 Paris

Unicef (Comité français)
3, rue Duguay-Trouin
75282 Paris Cedex 06

Union nationale des associations de parents et amis de personnes handicapées mentales (UNAPEI)
15, rue Coysevox
75018 Paris

Villages d'enfants SOS dans le monde
6, cité Monthiers
75009 Paris

Table des matières

L'espoir de trois milliards d'enfants *page 6*

Bienvenue sur Terre *page 14*

Faim de vivre *page 18*

Respirer la santé *page 24*

À l'abri de la misère *page 30*

L'école de la vie *page 36*

Stoppez l'exploitation *page 42*

Allez, on fait la paix! *page 48*

Ma race? Humaine! *page 54*

Mal à ma ville *page 60*

L'enfant aux mains nues *page 66*

C'est pas juste *page 70*

Je pense donc je m'exprime *page 74*

Tu agrandis le monde *page 78*

Texte intégral de la Convention ***page 82***

Carnet d'adresses *page 91*

Un grand merci aux organisations humanitaires
qui ont bien voulu nous aider à réaliser ce travail,
tout particulièrement au Comité français de l'Unicef
et à son service de documentation.

Merci aussi à tous les enfants qui ont prêté leur parole à l'ouvrage :
Antoine, Bali, Boris, Céline, Cerise, Charlotte, Chris, Christian, Christelle,
Christophe, Claire, Corinne, Corentin, David, Dorothée, Élodie, Elsa,
Fatima, Fatoumata, Frédéric, Hervé, Jimmy, Karim, Karine, Léa, Loïc,
Malika, Marie, Maryline, Mathieu, Mélanie, Nacer, Natacha, Nathalie,
Nicolas, Noémie, Noura, Paco, Philippe, Quentin, Rémi, Sami,
Simon, Sophie-Line, Stéphanie, Sylvain, Sylvie, Tarek, Thierry, Valérie, Vanessa,
Véronique, Vincent,Virginie et Vladimir.

Achevé d'imprimer en octobre 1999
sur les presses de I.F.C.
à Saint-Germain-du-Puy (18)

Dépôt légal : octobre 1999
ISBN : 2-912084-25-3